Ängste bei Kindern und Jugendlichen

Mabuse-Verlag

Erste Hilfen Band 17

Stefan Hetterich ist Diplom-Psychologe und tiefenpsychologischer Kinder- und Jugendlichenpsychotherapeut. Nach seinem Studium begann er seine Tätigkeit in der Kinder- und Jugendpsychiatrie, wechselte später in eine Erziehungsberatungsstelle und praktiziert nun seit 2011 in eigener Praxis. Seit über 20 Jahren begleitet er psychisch kranke Kinder und Jugendliche sowie deren Eltern.

Neben seiner therapeutischen Arbeit hat er mit **stabile:kids** (stabilekids.com) eine Plattform aufgebaut, die Eltern dabei unterstützt, psychische Krisen ihrer Kinder besser zu verstehen und hilfreich zu begleiten.

Er ist außerdem Initiator des **Angstkompass** – eines Reflexionsangebots für Eltern, das hilft, das eigene Muster im Umgang mit Kinderängsten zu erkennen. Unter **angstkompass.com/dein-angstkompass** findest du weiterführende Inhalte und Bonusmaterial zu diesem Buch.

Stefan Hetterich

Ängste bei Kindern und Jugendlichen

Ein psychoanalytischer Ratgeber: verständlich • konkret • alltagsnah

Mabuse-Verlag
Frankfurt am Main

Bibliografische Information der Deutschen Nationalbibliothek

Die Deutsche Nationalbibliothek verzeichnet diese Publikation in der Deutschen Nationalbibliografie; detaillierte bibliografische Angaben sind im Internet unter
http://dnb.d-nb.de abrufbar.

Informationen zu unserem gesamten Programm, unseren AutorInnen und zum Verlag finden Sie unter: www.mabuse-verlag.de.

Wenn Sie unseren Newsletter zu aktuellen Neuerscheinungen und anderen Neuigkeiten abonnieren möchten, schicken Sie einfach eine E-Mail mit dem Vermerk „Newsletter“ an: online@mabuse-verlag.de.

4. Auflage 2026

Kasseler Str. 1 a
60486 Frankfurt am Main
Tel.: 069 – 70 79 96-22
Fax: 069 – 70 41 52
vertrieb@mabuse-verlag.de
www.mabuse-verlag.de
www.instagram.com/mabuseverlag
www.facebook.com/mabuseverlag

Lektorat: Linde Löffler, Frankfurt am Main
Satz und Gestaltung: Björn Bordon/MetaLexis, Niedernhausen
Umschlaggestaltung: Marion Ullrich, Frankfurt am Main
Umschlagabbildung: Catarina Knüvener, aus dem Buch: Mein Monster-Ich. Über die kleinen Alltags-Schrecken. Mabuse-Verlag, 2. Aufl. 2019.

Druck: CPI books GmbH, Leck
ISBN: 978-3-86321-598-9
Printed in Germany

Für dich liebe Tanja.
Du machst die Welt mit deinem Sein
und deinem Tun zu einem besseren Ort.

Inhalt

Geleitwort 9

Dank 13

1 Einleitung 17

2 Ängste sind normal 27

Das limbische System 28
Kampf 29
Flucht 30
Erstarren 31
Frühkindliche Ängste 34
Ängste des Kleinkindes 37
Ängste der Schulkinder 38
Ängste in Pubertät und Adoleszenz 39

3 Was sich hinter den Ängsten verbergen kann 41

Eine psychoanalytische Reise ins Reich des Unbewussten 43
Angst vor Trennung 46
Angst vor dem Neuen 51
Angst vor den eigenen Gefühlen 55
Angst vor der eigenen Entwicklung 59
Angst vor magischen Wesen 60
Prüfungsangst 60
Angst vor dem Berufsleben 61
Depressivität als Angst vor der eigenen Entwicklung 62
Abwehrmechanismen 64
Furcht oder Angst? 68

4 Angststörungen 75
Trennungsängste 77
Soziale Ängste 80
Phobien 83
Panik 85

5 Was kannst du für dein Kind tun? 87
Ich kann mein Kind doch nicht leiden lassen – welches Elternverhalten hilft bei Angst? 87
Die zwei Schritte zur Veränderung 90
Erfassen der Ist-Situation *90*
Sich der eigentlichen Angst stellen *92*
Die vier Entwicklungsprinzipien 95
Halt geben *98*
Halt haben *108*
Fördern statt Fordern *112*
Befähigen *117*

6 Welche Hilfen gibt es noch? 123

Literatur 129

Geleitwort

Stefan Hetterich ist Kinder- und Jugendlichen-Psychotherapeut. Er behandelt Kinder und Jugendliche mit psychischen, somatoformen und psychosomatischen Störungen. Somatoforme Störungen sind körperliche Störungen mit psychischen Ursachen. Psychosomatische Störungen sind Körpererkrankungen, die sich nicht vollständig körperlich erklären lassen. Ich habe mit Herrn Hetterich mehrere Jahre kollegial zusammengearbeitet.

Die Psychoanalyse geht davon aus, dass sich psychische Symptome vor dem Hintergrund von unbewussten Konflikten bilden. Hierauf geht der Autor in seiner Einleitung differenziert ein. Die häufigsten psychischen Störungen im Kindes- und Jugendalter sind die Angststörungen. Aber so gut wie alle Störungen im Kindes- und Jugendalter werden von unbewussten Ängsten begleitet. Sowohl bei Tieren als auch beim Menschen warnt Angst vor Gefahren und ruft zu Gegenmaßnahmen auf, zum Flüchten, zum Standhalten oder zur Erstarrung. Aber warum funktioniert Angst beim Tier so gut wie reibungslos, kann aber bei Menschen, bereits bei ganz kleinen Kindern, zum quälenden Problem werden? In diesem Zusammenhang müssen wir einen wichtigen Unterschied klären. Angst, die sich auf reale Bedrohungen richtet, nennen wir auch Furcht. Sie kommt bei Menschen und Tieren vor. Irrationale Ängste und Angststörungen hingegen sind Ergebnisse von ungelösten unbewussten Konflikten.

Zwei Dinge können also für die Angstentwicklung problematisch werden. Ich kann Furcht, also echte Angst, missachten. Auf diese Weise kann ich mein Leben gefährden. Oder ich kann in meiner Fantasie Ängste entwickeln, die sich von der Wirklichkeit entfernen. Das belastet dann mein gesamtes Leben.

Solche Fragen und viele andere klärt Stefan Hetterich in seinem Buch in überzeugender Weise. Er nennt sein Buch einen psychoanalytischen Ratgeber für Eltern – und das ist er fürwahr! Das Buch ist übersichtlich gegliedert. Es beginnt damit, dass Ängste normal und wichtig sind. Wie schon erwähnt, warnen sie vor inneren und äußeren Gefahren. Es werden zunächst die normalen Ängste in der Entwicklung von der frühen Kindheit bis zur Adoleszenz beschrieben.

Danach geht es darum, dass sich die eigentlichen Ursachen für irrationale Ängste im Unbewussten verbergen. Im Verlauf der Kindheitsentwicklung entstehen unterschiedliche Angstformen. Werden diese Ängste nicht verarbeitet oder nur unzureichend bewältigt, so wirken sie verdrängt im Unbewussten weiter. Dann können neurotische Konflikte mit Symptombildungen entstehen, die als Angststörungen diagnostiziert werden.

Die elterliche Konfliktdynamik ist immer maßgeblich mit den neurotischen Konflikten eines Kindes verknüpft: In jeder Lebensphase eines Kindes können auch unverarbeitete Ängste bei den Eltern wiederbelebt werden. Darum ist die Arbeit mit den Eltern ein zentraler Bereich jeder Kinderpsychotherapie.

In wunderschöner Weise können wir diese so wesentliche „begleitende Psychotherapie“ letztendlich in diesem Buch miterleben. Stefan Hetterich beschreibt Ängste und Angststörungen sowie deren unbewusste Hintergründe. Allen in Kindheit und Jugend vorkommenden Ängsten sowie den Angststörungen widmet er mehrere Seiten. Er geht vor wie in einer Psychotherapie, in der die zugrundeliegenden Konflikte erkannt und bewusst gemacht werden: Er leitet dazu an, die Ist-Situation zu erfassen und sich danach den eigentlichen Ängsten zu stellen.

Dabei nimmt er die Leserin und den Leser gleichsam an die Hand, verdeutlicht ihnen, was sie für ein Kind tun können und benennt Entwicklungsprinzipien. Viele Eltern sagen nach dem Lesen von psychologischen Ratgebern oft, jetzt weiß ich zwar mehr über mein Kind, aber nicht, was ich tun kann.

Genau das gelingt Stefan Hetterich mit seinem Buch. Er zeigt den Eltern und anderen Bezugspersonen wirksame Möglichkeiten auf, dem Kind in den verschiedenen Krisensituationen des Lebens beizustehen.

Mundelsheim, im Frühling 2021
Hans Hopf

Dank

Die Arbeit als Psychotherapeut gehört definitiv zu den bereichernden Erfahrungen in meinem Leben. Sie ermöglicht mir, Menschen mit ihren unterschiedlichsten Biografien und ihren ganz persönlichen Denk- und Verhaltensmustern kennenzulernen. Die vielen Kinder, Jugendlichen und Erwachsenen, die ich bisher begleiten durfte, lehrten mich, selbst scheinbar absurde oder völlig unlogische Verhaltensweisen und letztlich den Menschen hinter diesen Verhaltensweisen besser zu verstehen.

Kein Verhaltensmuster entsteht ohne Grund. Alle Formen psychischer Störungen sind Reaktionen auf persönliche Erfahrungen oder Wahrnehmungen und sollen uns helfen, mit den Erlebnissen und inneren Konflikten zurechtzukommen.

All den kleinen und großen Klient*innen und deren Eltern bin ich zutiefst dankbar: Sie geben mir einen Einblick in ihre innersten Träume, Hoffnungen und Befürchtungen. Sie zeigen mir immer wieder aufs Neue, wie reichhaltig der Fundus menschlicher Verhaltensrepertoires ist und wie kreativ unsere Psyche sein kann, mit den Schwierigkeiten des Lebens umzugehen. Aus diesen Erfahrungen und Erkenntnissen schöpfe ich, wenn ich dich, liebe Leserin, lieber Leser, in deinen Sorgen und Gedanken um dein Kind begleiten möchte. Du kannst dir sicher sein: Falls dein Kind unter Ängsten leidet, teilt es dieses Schicksal mit vielen anderen Kindern, die an einem für sie schwierigen Punkt in ihrem Leben aus nicht immer gleich nachvollziehbaren Gründen Ängste entwickelt und behalten haben. Auch du als Mutter oder als Vater teilst dieses Schicksal mit vielen anderen Eltern. Ich will dich einladen, mehr über mögliche Hintergründe von Ängsten zu erfahren und damit auch dein Kind besser zu verstehen und kennenzulernen.

Denn nur der, der versteht, kann anders handeln.

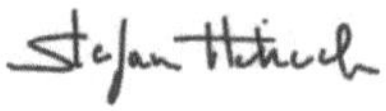

Du bist der wichtigste Mensch
für dein Kind.
Mit dir und an dir
kann dein Kind wachsen.

1 Einleitung

Lauras Blick flackerte unruhig zu den Fenstern ihres Klassenzimmers. Haltsuchend klammerte sie sich an ihren Schulranzen. Gerade eben hatte der Schulbus sie zusammen mit vielen anderen Kindern ausgespuckt. Es war der erste Tag nach den Ferien. Die anderen lachten und plapperten. Nur Laura stolperte allein und von den anderen Kindern kaum wahrgenommen auf den Pausenhof.

Mama hatte ihr extra eine kleine Süßigkeit mitgegeben und ihr heute Morgen über den Kopf gestreichelt. „Du schaffst das schon, meine Große", hatte Mama gesagt. Aber Laura fühlte sich gar nicht so groß, obwohl sie schon in die zweite Klasse ging. Ehrlich gesagt fühlte sie sich gerade ganz schön klein und wünschte sich zurück in Mamas Arme. Mama würde verstehen, wie es ihr ging. Mama ging es nämlich auch oft nicht gut. Gerne würde Laura jetzt mit ihrem kleinen Bruder tauschen; Felix ging bestimmt gerade an Mamas Hand in den Kindergarten und könnte Mama noch ganz oft drücken und winken, bis Mama dann zur Arbeit ginge. Aber Laura durfte das nicht mehr. Sie musste „die Große" sein und allein in die Schule gehen. Als sie sich die Stufen zum ersten Stock hochschleppte, verkrampfte sich alles in ihr. Es war, als ob ihr der brutale Maxi aus der 3a einen Tritt verpasst hätte. Sie selbst war zwar noch nie von Maxi bedroht worden, aber sie hatte schon oft genug mitbekommen, wie er auf dem Pausenhof auf andere losging. Lauras Herz klopfte ihr bis zum Hals; fast wurde ihr schwindlig.

> Alles war laut um sie herum. Sie könnte nicht sagen, wie sie den Weg bis zu ihrem Klassenzimmer geschafft hatte. Nun stand sie vor der Tür. Auf einmal drehte Laura um und lief die Treppe hinunter, dem Ausgang entgegen. Laura wusste selbst nicht so genau warum.

Dieses Buch handelt von den Ängsten der Kinder. Auch du wirst dich an Situationen in deiner Kindheit erinnern, in denen du Angst hattest. Ängste sind unangenehm und doch ein wichtiger Begleiter.

Nun stehst du als Mutter, als Vater, als Erzieher*in vor der Aufgabe, deine Kinder mit ihren Ängsten und Nöten zu begleiten und ihnen hilfreich zu sein. In meiner langjährigen Erfahrung als Psychotherapeut begegne ich immer wieder Eltern, die ihr Bestes geben, um den eigenen Kindern im Umgang mit ihren Ängsten zu helfen – und dabei leider unabsichtlich genau das machen, was die Ängste ihrer Kinder verstärkt. Mir ist es ein Anliegen, dich hier in deiner Verantwortung als Mutter, als Vater zu begleiten. Eltern leisten die wertvollste Aufgabe für unsere soziale Gemeinschaft. Nicht immer ist es leicht, den eigenen Kindern ein hilfreicher Begleiter zu sein. Dieses Buch soll dir helfen, deinen eigenen Weg zu finden, dein Kind gut zu begleiten, wenn es unter Ängsten leidet. Dabei ist es zunächst irrelevant, ob es sich um Ängste handelt, hinter denen sich eine Diagnose, etwa eine Angststörung, verbirgt, oder ob es um immer wieder auftauchende alterstypische Ängste geht. Dein Umgang damit ist entscheidend, inwieweit es dein Kind (ob noch klein, oder schon jugendlich) schaffen kann, diese Ängste zu überwinden.

Ich wähle in diesem Buch übrigens bewusst die Anrede mit „du“, da sie hilft, näher mit der eigenen inneren Haltung in Kontakt zu kommen. Unsere Kinder berühren uns mit all ihren

Gefühlen in unserem Innersten, in unserer Seele. Sie wecken eigene Kindheitserinnerungen und eigene unbewusste Verhaltensmuster. Deshalb sehe ich in diesem Buch das „du“ als die geeignete Anrede, die es dir erleichtern soll, auch deine eigenen Gefühls-, Denk- oder Verhaltensmuster im Umgang mit deinem Kind zu sehen.

Sieh dieses Buch als Chance, einen neuen Blick auf die Angst deines Kindes zu bekommen. Lerne die Entstehung von Kinderängsten und mögliche Gründe für hartnäckige Ängste oder gar Angststörungen kennen.

Allzu schnell neigen wir Eltern dazu, Nöte und Schwierigkeiten unserer Kinder „weg“ haben zu wollen.

Die Vorstellung „mein Kind soll glücklich aufwachsen“, prägt unser Handeln und allzu schnell versuchen wir, Probleme zu beseitigen, anstatt uns über mögliche Hintergründe Gedanken zu machen.

Die Frage *Warum* ist die entscheidende Frage, um Kinderseelen zu verstehen.

Warum tut sich mein Kind nach 2 Jahren Kindergarten immer noch schwer, sich von mir zu trennen?

Warum tauchen die Ängste gerade jetzt auf? Was ist sonst in der Familie gerade los, das möglicherweise Ängste ausgelöst haben könnte?

Warum weigert sich mein Sohn, in die Schule zu gehen? Gibt es dort etwas, das es ihm schwer macht hinzugehen, oder ist es die Trennung von zu Hause, die ihm schwerfällt?

Warum hat meine Tochter Prüfungsangst und ist jedes Mal so blockiert, dass sie keinen vernünftigen Satz zu Papier bringt?

Warum fängt mein jugendlicher Sohn an zu zittern, wenn er das Haus verlässt und vermeidet es, auf Klassenfahrten dabei zu sein?

Es gibt viele verschiedene Ängste. Sie alle engen unsere Kinder in ihrem Verhalten oder in ihrem Denken ein. Allzu oft bezieht uns die Angst unserer Kinder mit ein.

Wir versuchen, unser Kind zu trösten und zu ermutigen, in den Kindergarten zu gehen, und doch blutet uns das Herz, wenn wir uns umdrehen und es immer noch schreien hören.

Wir müssen bei der Angst unseres Kindes vor dem Schulbesuch jedes Mal neu überlegen, ob seine Bauchschmerzen „echt" sind und wir es für heute von der Schule befreien sollen.

Wir wissen uns keinen Rat, warum der einstige Welteroberer auf einmal in der Pubertät ganz verunsichert ist und sich furchtbar schwertut, mit Gleichaltrigen auch nur ein vernünftiges Gespräch hinzubekommen.

Angst neigt nur selten dazu, bei sich zu bleiben. Angst bezieht die Umwelt mit ein und so sind wir als Eltern, als Erzieher und Lehrer gefordert, uns mit unserem sich ängstigenden Kind auseinanderzusetzen. Wir sehen oft keinen Grund, warum die Angst so plötzlich und so massiv auftritt und wissen uns keinen Reim darauf zu machen, schätzen wir die Realität doch nicht als gefährlich ein. Der Junge mit Prüfungsangst hat eigentlich gut gelernt und muss sich vor gar nichts fürchten. Der Kindergarten ist großartig eingerichtet, die Erzieherinnen nett und die anderen Kinder kümmern sich um meine Tochter – und doch klammert die Kleine jeden Morgen an meinem Bein und will nicht loslassen.

Gerade, wenn die Ängste unserer Kinder so unverständlich wirken, gilt es sich Zeit zu nehmen, um verstehen zu lernen. Verständnis ist der Schlüssel zur Veränderung. Wenn es uns gelingt zu verstehen, können wir auch anders damit umgehen. Dieses Buch möchte zu diesem Verständnis einen Beitrag leisten.

Ich lade dich ein, dich auf eine Reise in das Unbewusste zu begeben. Unser Denken und Verhalten sind nur zu einem kleinen Teil von unserem Bewusstsein gesteuert. Ein viel größerer Teil entzieht sich zunächst der bewussten Kontrolle. Im Unterbewussten verdichten sich bisherige Lebenserfahrungen und eigene Annahmen über sich und andere. Diese wirken sich dann auf unser Denken, Fühlen und Handeln aus. Ähnlich einem Eisberg liegt also ein großer Teil unsichtbar „unter der Wasseroberfläche". Wir kennen dies alle beispielsweise als „inneren Schweinehund", der sich nur schwer überwinden lässt. Bleiben eigene problembehaftete unbewusste Paradigmen unbearbeitet, wirken sie im Verborgenen weiter. Viele unserer psychischen Schwierigkeiten beruhen auf Ängsten. Als guter Kapitän unseres Schiffes „Erziehung" sollten wir über die möglichen Eisberge unserer Kinder gut Bescheid wissen. Leidet unser Kind unter unklaren, scheinbar nicht logisch nachvollziehbaren Ängsten, lohnt sich ein Blick auf dahinterliegende Themen besonders.

Es gibt etwas, das uns sehr hilft, unbewusste Themen von uns Menschen besser zu verstehen: Die Psychoanalyse – ursprünglich von Sigmund Freud entwickelt – wurde von zahlreichen Wissenschaftlern und Psychotherapeuten verfeinert und liefert viele wertvolle Erkenntnisse über unsere menschliche Psyche und das Unbewusste. Psychoanalytische Erkenntnisse bilden für diesen Ratgeber das Fundament und helfen dir weiter, mehr von der Innenwelt deiner Tochter oder deines Sohnes zu verstehen. Die größtmögliche Klarheit über das eigene Unbewusste erhalten wir immer in einer eigenen Therapie.

Ich will dir mit diesem Ratgeber Ideen an die Hand geben, welche Beweggründe möglicherweise im Unterbewussten deines Kindes eine Rolle spielen könnten.

Unsere gemeinsame Reise in das Unbewusste beginnt im ersten Kapitel mit einem Blick auf die Entstehung von Ängsten im Allgemeinen. Es mag überraschen zu hören, dass zu einer gesunden Entwicklung auch Ängste gehören. Sie sind innerpsychisch sogar absolut notwendig. Stelle dir vor, wir hätten Angst nicht als Emotion und Basis für Handlungsmöglichkeiten in unserem Leben zur Verfügung. Würden wir Gefahren im Straßenverkehr richtig einschätzen? Könnten wir angstfrei überhaupt überleben, wenn wir ohne dieses Warnsystem ausgestattet wären? Unsere Vorfahren hätten sich ahnungslos dem Tiger zum Fraß angeboten, wenn sie keine Angst als Warnung registriert hätten. Auch Kinder sind in ihrer Entwicklung auf Ängste angewiesen. Gerade Schwellensituationen und Veränderungen im Leben rufen Ängste hervor. Ängste sind etwas völlig Normales. Schwierig wird es, wenn Ängste Kinder in deren Entwicklung blockieren, sodass diese den alterstypischen Anforderungen nicht mehr gerecht werden können. Kinder mit blockierter Entwicklung brauchen Eltern, die sich in ihrer Beziehung zu ihrem Kind und ihren Verhaltensweisen hinterfragen und überprüfen, ob sie selbst etwas anders machen können, um ihrem Kind wieder „auf die Spur" zu helfen.

Im zweiten Kapitel werfen wir gemeinsam einen Blick in das Reich des Unbewussten. Die Ängste, die wir vordergründig erleben, haben nicht in allen Fällen mit den bewussten Gründen dieser Ängste zu tun. Dabei gilt es, genau hinzuschauen. Beispielsweise kann eine Angst vor dem Schulbesuch tatsächlich die Angst vor Erlebnissen oder Erfahrungen in der Schule selbst sein. Sie kann aber genauso gut nur die nach außen gezeigte Angst sein, hinter der sich etwas anderes verbirgt. In diesem Kapitel gebe ich dir Ideen an die Hand, mit deren Hilfe du der Frage nachgehen kannst, was eventuell hinter der Angst deines Kindes stecken könnte. Erst wenn wir dies besser verstehen, können wir mit dem Angstverhalten der Kinder hilfreich umgehen. Die Psychoanalyse bietet hervorragende Möglichkeiten, unbewusste Beweggründe von uns Menschen kennenzulernen. Ich gebe dir in diesem Kapitel Beispiele für unbewusste Gründe, die ich in der täglichen Arbeit mit den Kindern und Jugendlichen vermehrt antreffe. Unsere Seele ist reich an vielfältigen Möglichkeiten, diese eigentlichen Angst-Ursachen zu verdrängen, sodass sie manchmal erst nach langen psychotherapeutischen Begleitungen zutage treten. Dein Wissen als wichtige Beziehungsperson deines Kindes über die möglichen Hintergründe von Angst kann helfen, schneller zum Ziel zu kommen. Lass dieses Kapitel mit seinen Ideen und Beispielen auf dich wirken und mache dich selbst auf die Suche nach möglichen Auslösern und Wirkfaktoren.

Die Grenzen zwischen einer „normalen" Angst und einer „Angststörung" sind fließend. Im dritten Kapitel geht es um diese Grenze. Ich sehe auch Angststörungen als etwas völlig Normales an. Sie sind nichts weiter als der Bewältigungsversuch der Psyche, mit den dahinterliegenden Ursachen umzugehen. Dennoch ist der Begriff der Angststörung gerade dann wichtig, wenn es darum geht, die durch die Angst blockierte Entwicklung des eigenen Kindes wahrzunehmen.

Erst wenn es dir als Mutter oder Vater gelingt, den Punkt zu erkennen, ab dem Ängste eben „krankhaft" und in der Entwicklung „störend" werden, kann es dir gelingen, die Ängste deines Kindes nicht mehr nur abzutun. Angststörungen neigen selten dazu, „sich auszuwachsen". Häufig verfestigen sie sich oder äußern sich wiederum in anderen Störungen. Beispielsweise kann sich auch hinter hyperaktiven Verhaltensweisen eine Angststörung als Ursache verbergen. Die Beschreibung ausgewählter Diagnosen sogenannter Angststörungen soll es dir erleichtern zu entscheiden, ob es sinnvoll ist, sich mit deinem Kind an eine Psychotherapeutin oder einen Psychotherapeuten zu wenden, oder ob es zielführender ist, den eigenen Fokus gerade nicht auf die Angst des Kindes zu legen, sondern darauf zu vertrauen, dass es die Angst wieder überwinden kann.

Was kannst du als verantwortungsbewusste Mutter bzw. Vater selbst tun? Angstgeplagte Kinder brauchen uns als stabile Bezugspersonen, die sie aus der Angst herausbegleiten und ihnen Hilfen an die Hand geben, mit denen sie selbst die Ängste überwinden können. Im vierten Kapitel sehen wir, dass es nicht das Ziel sein kann, für das Kind vermeintliche Angstauslöser zu beseitigen. Viel wichtiger ist es, dass das Kind Vertrauen in sich entwickelt, mit den eigenen Ängsten umgehen zu können.

Die Fähigkeit zu einem gesunden Umgang mit den eigenen Emotionen gehört zu den wichtigsten Lernerfahrungen unserer Kinder. Kinder, die gelernt haben, Emotionen in ihrer Funktion zu verstehen und zu regulieren, können deutlich selbstbewusster ins eigene Leben starten.

Gerade bei Ängsten ist es wichtig, als Eltern den richtigen Umgang zu finden, ohne die Ängste abzutun oder selbst noch größer zu machen. Indem du dieses Kapitel auf dich wirken lässt und die beschriebene Haltung übernimmst, wirst du leichter zu einer deinem Kind angemessenen inneren Einstellung kommen, die dir hilft, mit ihm und seinen Ängsten umzugehen.

Da es das Unbewusste gibt, sind unseren bewussten Versuchen, Menschen zu einer Änderung zu verhelfen, Grenzen gesetzt. Es ist möglich, dass du beobachtest, dass auch das Verstehen der beschriebenen möglichen Angstursachen und deine veränderte Haltung noch nicht zur Überwindung der Ängste durch dein Kind führen. Dann kann es sinnvoll sein, sich nach einer guten Psychotherapeutin bzw. einem guten Psychotherapeuten umzusehen. Das fünfte Kapitel gibt dir einen Einblick in die Hilfsmöglichkeiten, die unser Gesundheitssystem zur Verfügung stellt. Eine begleitende Psychotherapie kann bei verschiedensten Angststörungen ein wichtiger Anstoß zur inneren und nachhaltigen Veränderung werden.

Unter **angstkompass.com/dein-angstkompass** findest du ergänzende Inhalte zu diesem Buch. Der Angstkompass hilft dir dabei, dein persönliches Muster im Umgang mit den Ängsten deines Kindes besser zu erkennen und die Impulse aus diesem Buch noch gezielter in deinen Alltag zu integrieren.

Laura war geradewegs Herrn Eilers in die Arme gelaufen, als sie aus der Schule rannte. Herr Eilers, der Hausmeister der Schule, war ein gutmütiger, gemütlicher Mann. „Na, wo willst du denn so schnell noch hin?", lächelte er Laura an. Was sollte Laura sagen? Ihre Knie zitterten, ihr Magen zog sich zu einem dicken Klumpen zusammen. Lauras Augen füllten sich mit Tränen. Am liebsten hätte sie einfach gesagt: „Zu Mama." Aber das ging nicht. Die Tränen brachen aus ihr heraus: „Mir ist so schlecht."

Herr Eilers legte behutsam einen Arm um sie. „Na komm, dann rufen wir mal deine Mama an, damit sie dich abholen kann." Zum Glück sah er Lauras Erleichterung nicht und merkte auch nicht, wie schlagartig alle Angst von Laura abfiel; alles Zittern und sogar der Klumpen in Lauras Bauch waren verschwunden.

Was weder Herr Eilers noch Laura zu diesem Zeitpunkt wussten: Lauras Mama hatte sich schon lange Sorgen wegen Lauras Schulängsten gemacht. Sie hatte sich Hilfe gesucht und beschlossen, einiges zu ändern.

2 Ängste sind normal

Mayday, mayday. Limbo an Menschenkind Laura. Limbo an Laura. Hört mich hier jemand? Hallooo?

Ach so, vielleicht sollte ich mich erst einmal vorstellen. Hier spricht Limbo; Ärzte sprechen von mir auch als dem Limbischen System. Ich gehöre – und darauf bin ich echt stolz – zu den wichtigsten Zentren im Gehirn; also ganz unter uns gesagt, ist das noch etwas untertrieben: Ich bin DAS Zentrum schlechthin, um nicht zu sagen, der eigentliche Boss im Gehirn. An mir muss alles vorbei. Alle Sinnesinformationen landen zuerst bei mir auf dem Tisch. Alles, was Laura riecht, hört, schmeckt, sieht oder spürt, kommt zu mir. Und dann mache ich mich an die Arbeit: Ich sortiere, ordne, staple und verbinde alle neuen Informationen mit meinem riesigen Archiv. Das Archiv bekommt so in jeder neuen Situation ein Update und ich hole die relevanten Informationen her, damit ihr Menschen euch auch ganz passend fühlen könnt. Dafür habe ich mein Spezialpotpourri an Gefühlen zur Verfügung. Alle neuen Erfahrungen werden mit den passenden Gefühlen gestempelt, damit ihr auch wisst, was Sache ist. Glaubt ihr mir nicht?

Also, dann macht der liebe Limbo mal ein Beispiel:

Angenommen, dein Sitznachbar in der Schule stiehlt dir dein Federmäppchen; dann landet dieses Bild erst einmal bei mir. Ich sehe, was er macht, ich schaue im Archiv nach und stelle fest, das ist das Spezialfedermäppchen, das du von Tante Magda bekommen hast und das du sooo liebst, weil es soooo cool aussieht. Also gehe ich zum Regal mit den Gefühlen und greife ... na, zu was wohl? ... genau, zum

roten Ordner. Rot wie Gefahr, Rot wie Feuer, Rot wie Wut. Und das schicke ich dann wieder in deinen Körper und der reagiert, wie ich es will: Du wirst sauer, läufst rot an, brüllst deinen Nachbarn an und nimmst dir mit aller Kraft dein Lieblingsfedermäppchen wieder.
Problem gelöst, dank Limbo. Stell dir vor, mich gäbe es nicht oder ich hätte einen über den Durst getrunken und wäre nur noch bedingt einsatzfähig, dann hättest du ein Problem: Dir wäre es völlig egal, was mit deinem Federmäppchen passiert ist. Vielleicht würdest du nicht mal dran denken, wie toll es war, als Tante Magda dir dieses coolste Mäppchen der ganzen Klasse überreicht hatte. Und dann würdest du Ärger kriegen, weil dein Federmäppchen nicht mehr da ist. Also hör mal, da ist es doch viel besser, dass es Limbo gibt, oder nicht?
Naja, gut, ich gebe es zu: Bei Laura habe ich gerade ein Problem. Irgendjemand hat mir diesen roten Ordner stibitzt und jetzt kann Laura gar nicht mehr so wütend werden, wie ich es gerne hätte. Stattdessen habe ich auf einmal ganz viele blaue Ordner da liegen: Angst, Angst, Angst. Also, ich muss hier jetzt mal Ordnung machen. Mir sind da gerade ein paar wichtige Gefühlsfarben verloren gegangen.

Das limbische System

Alle unsere Wahrnehmungen, unser Sehen, Hören, Riechen, Schmecken oder Spüren, werden an unser Gehirn weitergeleitet. Im limbischen System werden diese Wahrnehmungen aufgrund unserer Erfahrungen in der Vergangenheit interpretiert. Dann veranlasst das limbische System die entsprechende emotionale Reaktion.

Angst ist eine der wichtigsten Emotionen, die uns Menschen zur Verfügung stehen. Ängste warnen vor Gefahren und sichern somit das eigene Überleben.

Angst vermittelt uns, bedroht oder bedrängt zu sein und äußert sich in ihren körperlichen Begleiterscheinungen: Wir spannen unsere Muskeln an, der Herzschlag erhöht sich, wir versuchen, mehr Sauerstoff in unsere Lungen zu bekommen und unseren Körper auf eine mögliche Reaktion auf diese Gefahr vorzubereiten.

Auch in Angstsituationen, in denen wir uns eigentlich vor nichts zu fürchten bräuchten und wir insofern auch keine wirklichen Handlungsoptionen haben, stehen diese körperlichen Reaktionen oftmals im Vordergrund: Unser Kind klagt über Bauchweh und Übelkeit. Es zittert, atmet schnell und flach, evtl. beginnt es zu hyperventilieren. Kurzum, es wird sichtbar, wie unwohl es sich in dieser Situation fühlt.

All diese körperlichen Reaktionen zwingen die Betroffenen, sich mit der scheinbaren Gefahr auseinanderzusetzen und entsprechend zu reagieren. Unserem Körper stehen im Wesentlichen drei Reaktionen zur Verfügung, auf Gefahr zu reagieren:

Kampf

Fühlen wir uns bedroht und gibt es eine Chance, die Bedrohung zu beseitigen, dann ist es evolutionär sinnvoll zu kämpfen: Eine der möglichen Reaktionen auf Angst ist Kampf. Manchmal fallen Kinder mit einer Angstproblematik weniger durch ihre Angst auf, als durch ihre Aggressivität. So zeigt sich dann in Psychotherapien mit dem einen oder anderen Raufbold, dass dessen Aggressivität nichts anderes ist, als der Versuch, die eigene Angst einzudämmen, eventuell abgelehnt oder ausgeschlossen zu werden. Indem das Kind selbst andere angreift, hofft es, von diesen nicht mehr angegriffen zu werden. Die eigene Angst vor den anderen wird so umgekehrt. Das Kind handelt nach dem Motto: Wenn ich die anderen angreife, dann bekommen diese Angst vor mir und ich bin sicher. Leider funktioniert dieses Verhalten nur bedingt – wie bei vielen psychischen Symptomen. Gerade durch dieses aggressive Verhalten rufen die Kinder die gefürchtete Aggressivität der anderen hervor und können somit innerlich nicht zur Ruhe kommen. Ständig fürchten sie, doch noch von anderen „angegriffen" zu werden und „installieren" einen speziellen Wahrnehmungsfilter: Schnell wird ein Wort als Schimpfwort wahrgenommen oder auf sich selbst bezogen, ohne dass es vom Gegenüber so gemeint war. Schnell wird der Blick eines anderen Kindes als Angriff interpretiert und schon sorgt die Angst wieder für die eigene Kampf-Reaktion. Immer mehr geraten diese Kinder nun in die Rolle, leicht auszuticken und sich schnell provozieren zu lassen. Ein fataler Kreislauf entwickelt sich. Unser kleiner Raufbold fühlt sich immer isolierter und wird tatsächlich oft provoziert, was wiederum seine Befürchtung, seine innere Angst nährt, abgelehnt zu werden – und darauf reagiert er nun erneut mit Kampf. In der Natur ist Kampf ein probates Mittel, die eigene Angst zu besiegen.

Flucht

Eine andere Variante, wie wir auf Angst reagieren können, hast du von Laura in der Einleitung erfahren: Die Angst führt zum Drang, sich der Angstsituation nicht aussetzen zu wollen und davor zu flüchten. Indem wir unsere Beine in die Hand nehmen und zu einem sicheren Ort rennen, können wir uns vor der vermeintlichen Gefahr retten. Auch Flucht ist in der Natur ein hilfreiches Mittel: Wenn ich rechtzeitig verschwinden und mich in Sicherheit bringen kann, dann muss ich mich nicht mehr fürchten. Nur dumm, dass man als Kind vor manchen Situationen nicht flüchten darf: Die Schule beispielsweise duldet keine Schulverweigerung. Unsere Kinder haben Schulpflicht. In solchen Situationen sucht die Angst andere Wege und Ventile, um sich doch noch durchzusetzen.

In abgeschwächter und sozialisierter Form kann die Angst z. B. in der Gestalt von Bauchschmerzen auftauchen, die bewirken, dass das Kind zu Hause bleiben kann. Auch Lügenkonstruktionen können helfen, sich der Angstsituation nicht aussetzen zu müssen und sich vor sich selbst rechtfertigen zu können, warum die Angstsituation gemieden werden muss.

Erstarren

Es gibt noch eine dritte Variante in der Natur, wie wir – eben ganz natürlich – mit unserer Angst umgehen können: das Erstarren. Wenn es uns nicht möglich ist zu kämpfen und wir zugleich nicht fliehen können, bleibt uns nur noch das Starrwerden vor Angst. Manche Schilderung einer Prüfungsangst erinnert an diese Angststarre: Das Herz klopft bis zum Hals, die Gedanken sind blockiert, die Hand, die den Stift führt, ist wie gelähmt. In der Tierwelt ist das Erstarren ganz nützlich: Vielleicht übersieht mich der Angreifer oder er verliert das Interesse an mir, wenn ich mich nicht bewege. In menschlichen Angstsituationen, in denen wir real keiner lebensbedrohlichen Situation ausgesetzt sind, ist das Erstarren jedoch höchst unpraktisch.

Wie du siehst, sind bei uns Menschen oftmals die natürlichen Reaktionen auf Angstgefühle dann unsinnig, wenn wir nicht mit realen Gefahren konfrontiert sind. Und doch sind diese Reaktionen in uns als Verhaltensrepertoire angelegt. Unsere Psyche ist äußerst pfiffig im Entwickeln von Verhaltensreaktionen zur Angstvermeidung, auch wenn diese Reaktionen längerfristig destruktiv wirken können. Manchmal münden diese Verhaltensweisen in manifesten psychischen Erkrankungen. Erst, wenn wir diese psychischen Reaktionsformen besser verstehen, können wir auch besser mit der zugrunde liegenden Angst umgehen.

Nehmen wir als Beispiel den oben beschriebenen „Kämpfer“: Alle pädagogischen Maßnahmen, die – ohne die dahinterliegende Angst zu verstehen – einzig und allein darauf abzielen, den kleinen Raufbold zur Vernunft zu bringen oder ihn mit entsprechenden Konsequenzen zu einem besseren Verhalten zu bewegen, sind oft von vornherein zum Scheitern verurteilt. Er wird sich unverstanden fühlen und eben gerade dadurch an seiner Angst vor Ablehnung festhalten, auch wenn diese durch das eigene Verhalten geradezu hervorgerufen wird. Erst wenn die Eltern und Lehrer dieses Kindes seine Angst sehen und wahrnehmen, welch ungeheure Überwindung es bedeutet, sich täglich der Gefahr eines subjektiv erlebten Angriffs durch andere auszusetzen, können wir den Kämpfer verstehen und seine Leistung und seinen Mut würdigen. Gerade dadurch, dass dieses Kind sich nun wahrgenommen und akzeptiert fühlt, kann es vorsichtig beginnen, sein eigenes inneres Warnradar, seinen eigenen Wahrnehmungsfilter etwas milder einzustellen und sich somit wiederum weniger schnell von anderen abgelehnt zu fühlen. Ein erster Schritt in die richtige Richtung kann erfolgen, wenn sich das Kind in seinen Ängsten verstanden fühlt.

Die Geschichte von Melanie und ihrem Sohn Luca ist ein solches Beispiel. Melanie war damals 27 Jahre alt, als sie Claudio kennenlernte. Sie war unsterblich in ihn verliebt, aber er wohl nicht in sie, und so war er aus ihrem Leben wieder verschwunden, bevor sie überhaupt bemerkte, dass sie schwanger war. Alle Versuche, ihn zurückzuholen oder Claudio zumindest dazu zu bewegen, die Vaterrolle im Leben seines Kindes zu übernehmen, scheiterten. Luca war gerade mal vier Jahre alt, als er seinen Vater zum letzten Mal sah. Die Treffen mit Lucas Papa waren immer wieder enttäuschend. Er versprach seinem Sohn stets aufs Neue die tollsten Spielsachen, um dann kurzfristig „vergessen" zu haben überhaupt aufzutauchen. Luca war immer und immer wieder enttäuscht von seinem Papa, den er nur von wenigen Begegnungen überhaupt kannte. Vor jedem Geburtstag, jedem Weihnachtsfest oder anderen vereinbarten Treffen fieberte er diesen Treffen entgegen, aber nur selten kam Papa dann wirklich vorbei.

Melanie war ebenso enttäuscht und wütend auf den Vater ihres Kindes und den Mann, in den sie einmal verliebt war. Sie war froh, dass ihr wenigstens Luca geblieben war.

Aber Luca war anders als andere Kinder. Er war wild und ungestüm. Er ließ sich nichts gefallen und fiel schnell als Raufbold auf. In der ersten Klasse ermutigte die Lehrerin Melanie, sich Hilfe zu holen, da Luca als Zappelphilipp den Unterricht ständig störte. Der Gedanke, ob Luca unter einer Aufmerksamkeitsstörung leide, drängte sich geradezu auf. Seine ständige Unruhe und Hyperaktivität gingen allen auf die Nerven.

Luca kam in Therapie und Melanie verstand in den Elterngesprächen mit dem Therapeuten, dass Luca unter seiner ständigen Angst litt, er könnte von allen Menschen so abgelehnt

werden, wie er die Unzuverlässigkeit seines Vaters als Ablehnung interpretierte.
Diese Angst war es, die ihn unruhig und zappelig werden ließ. Eigentlich sehnte er sich nach guten, gelingenden Kontakten zu Gleichaltrigen, aber seine Angst sagte ihm, dass er ständig auf der Hut sein sollte, ob es die anderen wirklich gut mit ihm meinten. Stets war er sich unsicher, ob die anderen ihn komisch ansahen. Manchmal wollte er am liebsten wegrennen, um sich vor möglicher Ablehnung zu schützen, aber das war auch keine Lösung, da er sich doch so sehr nach Zugehörigkeit sehnte. Das Ergebnis war seine Unruhe und Zappeligkeit – ein ständiges inneres Hin und Her.
Melanie erkannte Lucas Ängste, die sie schon lange bei ihm vermutet hatte, und konnte nun anders mit seiner Hyperaktivität umgehen.

Es gibt viele Ängste. Man könnte sagen, Ängste zeigen sich bei jedem einzelnen Entwicklungsschritt unserer Kinder. Jeder größere Entwicklungsschritt braucht die Überwindung einer vorherigen kleinen oder großen Angst.

Frühkindliche Ängste

Versuchen wir doch einmal, die Welt durch die Augen unserer Kinder wahrzunehmen:

Es beginnt mit der Geburt: Du warst es dein ganzes ungeborenes Leben lang gewohnt, im warmen Bauch deiner Mama mit allem versorgt zu werden, was du so brauchtest. Es war zwar am Ende nicht mehr unbedingt gemütlich, aber du kanntest dich aus. Es gab kaum etwas, was dich erschreckt hat (es sei denn, deine Mama ist vor etwas erschrocken oder hatte Angst).

Du warst den ruhigen und gleichmäßigen Herzschlag deiner Mama gewohnt. Und nun ist auf einmal alles anders: Nachdem du durch einen engen Tunnel geschoben wurdest, ist alles grell und laut. Die Temperatur ist anders, die Stimmen sind viel lauter, das Licht blendet dich, der Herzschlag deiner Mama ist nicht mehr da.

Natürlich kann diese Situation Angst auslösen und so unterschiedlich wir Menschen nun einmal sind, so unterschiedlich reagieren wir als Baby bereits auf diesen ersten großen Entwicklungsschritt: Manche blinzeln neugierig in die Welt, andere schreien und weinen und müssen sich erst einmal ganz lange an Mamas Brust ausruhen und von dem Schock erholen.

Dann geht es weiter: Alles, was neu und unbekannt ist, kann Angst wecken. Du hast Angst vor etwas in der Welt und wirst von Mama (oder Papa) beruhigt. *Alles gut, du brauchst keine Angst vor der Welt zu haben.* Du lernst so, deine eigenen immer wieder aufkeimenden Ängste zu beruhigen. Manchmal beruhigen sich Babys genau so, wie sie beruhigt wurden. Die kleine Hand des Babys versucht, sich selbst über den Kopf zu streicheln, um die gute und wertvolle Erfahrung des Beruhigtwerdens aktiv zu wiederholen. Nur indem wir durch unsere Bezugspersonen erfahren, dass die Welt in Ordnung ist und wir gar nicht so viel Angst zu haben brauchen, schaffen wir es, eine Fähigkeit aufzubauen, auch die eigene Angst zu regulieren.

Dabei beunruhigen dich nicht nur das Neue und Unbekannte in der Außenwelt, sondern auch deine Wahrnehmungen von deinem inneren Erleben. In Mamas Bauch war alles so selbstverständlich geregelt, aber jetzt bekommst du auf einmal so etwas wie Hunger: Dein kleiner Bauch zwickt und zwackt und tut auf eine dir noch ziemlich unbekannte Art ganz doll weh. Das muss ja Angst machen: Irgendwas ist in dir, das dir weh tut. Ah, da kommt Mama schon und du darfst alles auf einmal leertrinken. Dazu sagt Mama so was wie „Na, du hast aber einen großen Hunger", und ihre Stimme wirkt dabei völlig ruhig und entspannt. Also lernst du, dass es mit dem Aua im Bauch doch nicht so schlimm sein kann. Das geht auf alle Fälle wieder weg, wenn du etwas zu trinken bekommst. Nach ein paar Wochen des Übens und Austestens weißt du nun endgültig: Vor Bauchweh musst du keine Angst haben. Aber du solltest besser richtig wütend werden, wenn Mama bei Hunger nicht gleich kommt. Du lernst: Kampf ist besser als Angst und du weißt ja nun, worum du kämpfen musst.

Verlassen wir zunächst die Welt der ständigen kleinen Ängste einerseits und Beruhigungen andererseits und wenden uns den größeren Entwicklungsschritten zu.

Die Angstinhalte ändern sich mit dem Alter der Kinder:

Da haben wir zum Beispiel das Fremdeln. Der Entwicklungspsychologe Réné Spitz gab dieser Phase den Namen „Acht-Monats-Angst", weil mit ungefähr acht Monaten die Unsicherheit und Angst vor fremden Personen ihren Höhepunkt erreicht. Das Kind hat verinnerlicht, dass es am besten nicht nur irgendeine Bezugsperson braucht, sondern seine eigene Mama. Die eigene Mutter ist in dieser Phase die wichtigste Person auf der Welt und darf keinesfalls verloren gehen. Sobald sich das Kind auf dem Arm einer anderen, ja vielleicht sogar völlig fremden Person wiederfindet, ist dies innerlich hoch bedrohlich und dies muss der kleine Erdenbürger mit aller Deutlichkeit zeigen.

Ängste des Kleinkindes

Im Alter von zwei bis vier Jahren entwickeln sich häufig Ängste vor Tieren, vor Dunkelheit oder auch dem Alleinsein. Betrachten wir diese Ängste doch einmal mit der Evolutionslupe: Was bedeuteten unbekannte oder möglicherweise gefährlich aussehende Tiere für unsere Vorfahren? Was bedeutete Dunkelheit? Was bedeutete Alleinsein?

Stimmt, alle drei Situationen konnten Lebensgefahr bedeuten! Kein Wunder, dass bei unseren Kleinen diese Angst noch ganz selbstverständlich auftaucht.

Im Alter von vier bis sechs Jahren ist das Denken unserer Kinder begleitet von magischen Wesen: Gespenster, Feen oder Monster spielen hier eine große Rolle. Auch reale, wenn auch unwahrscheinliche Szenarien tauchen auf: Der mögliche Einbrecher im Haus oder das (doch recht unwahrscheinliche) Krokodil unter dem Bett können genauso wie die magischen Wesen eine gehörige Portion Angst einjagen. Hier finden bereits psychische Höchstleistungen statt. Kinder diesen Alters erleben sich in all ihren Fähigkeiten; sie können schon ganz schön viel: Sie können plappern, springen und singen, sie können hochklettern, durch etwas hindurch kriechen und schubsen, sie können Eltern zur Weißglut bringen, schöne Sachen basteln und malen, sie können die Schwester ärgern und absichtlich Sachen kaputt machen, sie können, sie können, sie können.

Sie können in ihrer eigenen Wahrnehmung unglaublich viel, und dieses neue Selbstbild muss erst einmal integriert werden. Diese ganzen Fähigkeiten gehören zu ein und derselben Identität. Ganz schön schwierig, vor allem, da ja manche Fähigkeiten zwar ungemein praktisch sind, aber doch irgendwie für die Erwachsenen nicht in Ordnung scheinen. Was macht man nun mit seinen Bengelchen-Fähigkeiten, wenn man ein Engelchen sein will? Nun ja, man schreibt diese Bengelchen-Fähigkeiten ganz einfach den bösen magischen Wesen zu.

Jetzt ist das Aggressive, das Wilde und Gemeine nicht mehr in unseren Kindern, sondern wurde outgesourct auf den bösen Einbrecher, das hinterhältige Gespenst oder das aggressive Monster. Eigene Persönlichkeitsanteile werden nun in einem anderen wahrgenommen. Der Preis für das geniale nach außen Verlagern ist die Entwicklung von Angst vor eben genau diesen magischen Wesen.

Ängste der Schulkinder

Da hält bei den 7- bis 10-Jährigen die Realität schon mehr Einzug: Es entwickeln sich Ängste vor realen Erlebnissen. Die Ängste beziehen sich beispielsweise auf die Schule oder auch auf negative Bewertungen durch andere. Schließlich bietet die Schule viele mögliche Angstmomente: Wir müssen etwas leisten und können schlechter sein als die anderen. Wir ziehen Kleidung an, die andere plötzlich als uncool abtun. Wir können Freundschaften verlieren. Wir könnten geprüft werden und nichts wissen. All diese Situationen können ängstigen. Ob die Angst dann tatsächlich der Realität entspricht, steht wieder auf einem anderen Blatt. Es kann sein, dass die Schülerin/der Schüler tatsächlich nicht so gut ist, wie die anderen; es kann aber auch sein, dass sie/er dies nur als Befürchtung in sich trägt – warum auch immer. Fest steht, dass sich in diesem Alter eher Ängste vor denkbar realen Situationen entwickeln.

Ängste in Pubertät und Adoleszenz

Der nächste große Entwicklungsschritt, der alles aus den bisherigen Angeln heben kann, ist die Pubertät:

Der eigene Körper wächst und schießt in alle Richtungen. Die Sexualität drängt in den Vordergrund.

All diese Veränderungen können unsere pubertären Kinder zutiefst verunsichern, besonders, wenn der Körper sich schneller entwickelt als der Geist.

Dem Mädchen, dem schon die Brüste wachsen, während es am liebsten den Puppen die Haare kämmt, oder dem Jungen, dem die Stimme brüchig wird und an allen möglichen und unmöglichen Körperstellen Haare wachsen, während er gerne noch mit seinen Legorittern spielt, droht ein innerer Konflikt. Auch die herannahende Zukunft kann Angst machen.

Davon sind auch Adoleszente und junge Erwachsene betroffen, denen die Gesellschaft schon das Großsein abverlangt, ohne dass sie sich innerlich dazu bereit fühlen. So ist es nicht verwunderlich, dass der eine oder andere sich furchtbar schwertut, seine Bewerbungen zu schreiben, weil sich der Schritt, der mit dem Erwerbsleben zusammenhängt, viel zu riesig anfühlt.

Dennoch sind all diese Ängste wichtig. Manche Ängste sichern das Überleben, andere dienen der Anpassung an eine äußere Realität oder an Anforderungen eines sozialen Miteinanders. All diese Ängste dürfen und sollen sein, denn sie zeigen, was unsere Kinder gerade brauchen, um den nächsten Entwicklungsschritt schaffen zu können.

Nach Anna Freud, der Tochter des Begründers der Psychoanalyse Sigmund Freud, ist weniger die Form und die Intensität der Angst entscheidend als die Fähigkeit, Ängste zu bewältigen.

Ängste sind uns allen etwas Vertrautes, auch wenn wir das gerne mal vergessen wollen. Vielleicht wirken Kinder im Ausmaß ihrer Angst gerade wegen unseres eigenen Verdrängungswunsches für uns oft unverständlich.

Wieso rennt der sonst den mutigen Helden spielende Fünfjährige plötzlich ängstlich durch den Garten, als es gerade dunkel wird: „Hilfe, die Monster kommen"? Warum kann ein Jugendlicher plötzlich nicht auf ein Konzert seiner Lieblingsband gehen? Wieso macht ein anderer auf dem Treppenabsatz kehrt, sobald eine Spinne vor der Kellertür sitzt? Warum kann ein Vierter nicht mehr mit Fremden sprechen und geht vor der Eingangstür des Supermarkts fünfmal auf und ab, bevor er sich hineintraut?

Weshalb dreht sich unsere Laura aus der Einleitung vor dem Klassenzimmer um und will am liebsten weglaufen, obwohl sie schon in die zweite Klasse geht?

3 Was sich hinter den Ängsten verbergen kann

Laura hatte heute ihren ersten Termin bei einer Therapeutin. Die Lehrerin hatte zu Lauras Mama gesagt, dass Laura schon zu viele Fehltage habe und sie sich doch mal Hilfe suchen soll. Nun standen Laura und ihre Mama, nennen wir sie Patricia, vor der Tür von Frau Keller. Es war eine große schwere Holztür. Laura klammerte sich fest an Mamas Hand, als diese den Klingelknopf drückte. Frau Keller öffnete und begrüßte die beiden mit einem Lächeln. Eigentlich sah sie gar nicht so unfreundlich aus, aber Laura versteckte sich besser doch noch mal hinter Mamas Rücken.

Als Laura und ihre Mutter sich gesetzt hatten, fragte Frau Keller ganz viel. Ein bisschen wunderte sich Laura: Frau Keller fragte nämlich ganz oft Laura selbst und nicht ihre Mama. Laura war es gewohnt, dass sich Erwachsene über sie unterhielten, während sie dabei war. Frau Keller war irgendwie anders und schien sich für sie zu interessieren. Wie es ihr in der Schule ginge, was es ihr schwer mache, in die Schule zu gehen, ob sie Freunde habe, was sie gerne spiele und noch ganz viele Fragen stellte sie, die sich Laura gar nicht merken konnte. Frau Keller schien ganz viel über Laura wissen zu wollen und schimpfte gar nicht, dass sie sich oft nicht in die Schule traute, sondern schien das sogar ein bisschen zu verstehen. Je mehr Frau Keller sie befragte, desto mehr erzählte Laura über sich selbst. Eigentlich machte sie das sonst nie. Wenn Erwachsene sie etwas fragten, traute sie sich oft nicht zu antworten, aber es fühlte sich in

Ordnung an, Frau Keller tatsächlich die Wahrheit zu erzählen. Und so berichtete sie über den brutalen Maxi und was der schon alles gemacht hatte und die anderen Kinder, die sie nicht mal ansahen. Sie erzählte ihr sogar, dass Mama auch manchmal so traurig war wie sie. Die Therapeutin nickte und notierte sich alles, als seien es ganz wichtige Sachen, die Laura zu erzählen hatte. „Vielleicht kann mir Frau Keller doch helfen. Vielleicht traue ich mich dann wieder öfter in die Schule", dachte Laura auf dem Nachhauseweg.

Es gibt viele verschiedene Gründe, warum wir Menschen Ängste entwickeln. Die Ängste unserer Kinder entstehen nicht nur an den Schwellen zum nächsten Entwicklungsschritt, sondern auch dazwischen. Viele Ängste verschwinden von allein wieder, wenn die Angstursache verschwindet, anders wahrgenommen werden kann oder das Kind die nötigen Kompetenzen entwickelt, damit umzugehen.

Manchmal kann es zu einer Festigung einer Angst kommen, die dann zu weiteren Problemen und einer möglichen Angststörung führt.

In unserem Beispiel entwickelte Laura eine Angst vor dem Schulbesuch. Die Lehrerin riet aufgrund der häufigen Fehltage zu einer Psychotherapie. Aufgabe in der Psychotherapie ist es nun, die Hintergründe der Ängste aufzudecken und zu verstehen. In einer psychoanalytischen oder tiefenpsychologischen Behandlung versuchen Therapeut*in, Eltern und Kind gemeinsam mehr über die unbewussten Hintergründe der Angstproblematik zu begreifen. Sehen wir uns im Folgenden die häufigsten unbewussten Gründe für eine verfestigte Angst an und machen uns auf eine Reise in die faszinierende Welt unseres Unterbewusstseins. Lass dieses Kapitel auf dich wirken und überlege, ob eines der genannten Beispiele auch auf dein Kind zutreffen könnte. Vielleicht ist es aber auch etwas anderes, was sich hinter den Ängsten deines Kindes verbirgt. Dann könnten dir die Beispiele helfen, eigene Ideen zu entwickeln, welche unbewussten Themen dein Kind innerlich beschäftigen könnten.

Eine psychoanalytische Reise ins Reich des Unbewussten

Das Unbewusste – was ist das überhaupt?

In jeder Sekunde strömen hunderte Reize, Gedanken und Wahrnehmungen auf uns ein, die vom limbischen System gefiltert und mit bereits abgespeicherten Erinnerungen abgeglichen werden. Ein großer Teil dieser Wahrnehmungsselektion findet nicht als bewusstes Entscheiden statt, sondern völlig automatisch, eben unbewusst.

Das Konzept des Unbewussten in der Psychoanalyse geht noch einen Schritt weiter.

Gefühle, Gedanken und Erinnerungen, die für uns und unser Selbstbild oder auch für unseren Blick, mit dem wir die Welt wahrnehmen (wollen), nicht passend sind, werden in einer gewissen Form „verdrängt", also ins Unbewusste verschoben. Das Unbewusste ist also eine Art Speicher für eigene inakzeptable Gedanken.

Wenn ich beispielsweise in meinem (frühen) Leben die Erfahrung gemacht habe, dass Mama und Papa immer ganz ängstlich schauen, wenn ich auf den Stuhl klettern will, weil sie Sorge tragen, ich könnte herunterfallen, dann werde ich die Welt auch vorsichtiger betrachten. Alles, was zu dieser Wahrnehmung nicht so gut passt, werde ich dann vermutlich weniger stark zulassen. Ich bleibe auf dem Spielplatz das vorsichtige Kind, das sich in der Nähe von Mama aufhält, wenn ich in ihren Augen sehe, dass das hohe Klettergerüst ziemlich gefährlich sein muss. Die anderen Kinder, die ohne Probleme darauf herumklettern, halte ich dann wohl eher für unvorsichtig und leichtsinnig. Meinen eigenen Wunsch, auch mal ganz oben auf dem Kletterturm zu stehen, muss ich besser ins Unbewusste verdrängen.

Nehmen wir als weiteres Beispiel einen Jugendlichen, der folgende innere Realität entwickelt hat: „Nur wenn ich mich anstrenge, bemühe und anpasse, werde ich von anderen gemocht."

Dieser Jugendliche wird sich schwertun, sich abzugrenzen und eine eigene Meinung zu vertreten, da er mit seinem Glaubenssatz Angst haben muss, abgelehnt zu werden, wenn er sich anders als andere erlebt. Seine Fähigkeit zur Selbstbehauptung muss er verdrängen, um seinen eigenen bisherigen Glaubenssatz nicht ins Wackeln zu bringen. Er wird alles tun, um gerade nicht aufzufallen (vielleicht so sehr, dass er genau mit diesem Verhalten dann doch etwas auffällig wird).

Das Unbewusste beinhaltet somit häufig den inneren Konflikt zwischen zwei sich scheinbar widersprechenden Facetten der eigenen Persönlichkeit. Das Unbewusste beinhaltet vor allem auch die Selbstanteile, die ich mir selbst weniger erlauben kann.

Das Verdrängte wirkt im Unbewussten unsichtbar weiter und führt dadurch zu unerwünschten Gedanken oder Verhaltensweisen. Diese können beispielsweise auch (objektiv nicht nachvollziehbare) Ängste sein. Ein wichtiger Schritt ist es, diese nach außen zutage tretenden unbewussten Verhaltensformen zu verstehen und dadurch bewusst zu machen. Erst wenn diese bewusst sind, kann es dem Betroffenen nun besser gelingen, die unerwünschten Persönlichkeitsanteile oder Gedanken in sein Selbstbild zu integrieren und damit anders umzugehen.

Im Wesentlichen gibt es zwei verschiedene Formen der Angst. Eine Form ist die Angst, (konkreter: die Furcht) vor realen Ereignissen. Die zweite Form umfasst all die verschiedenen unbewussten Konflikte, die sich als Angst äußern können oder im Unbewussten wirken.

Die Furcht vor Realitäten ist wichtig und sollte als solche ernst genommen werden. Natürlich kann es sein, dass Laura aus unserer Eingangsgeschichte in ihrer Klasse von Mitschülern tatsächlich schlecht behandelt wird (der „brutale Maxi"). Dann braucht sie keine Psychotherapie, sondern eine Lehrerin, die das sieht und einschreiten kann, die die Konflikte in der Klasse wahrnimmt und eingreift, sobald Kinder bedroht oder geschlagen werden.

Wenn Laura sich dann durch die Lehrerin als geschützt erleben kann, wird sie nicht mehr vor der Schule davonlaufen müssen, denn ihr Problem ist konkret gelöst.

Auch bei Ängsten vor unbewussten Konflikten können wir zweierlei unterscheiden. Das eine ist die Angst vor einem Konflikt außerhalb der eigenen Person. Das andere ist die Angst vor einem inneren Konflikt.

Angstauslöser außerhalb der eigenen Person kann beispielsweise Dunkelheit sein, hinter der eine Verlustangst schlummert. Ein Kind, das Angst vor Dunkelheit und vor dem Einschlafen hat, leidet nicht selten unter einer Trennungs- oder Verlustangst. Einschlafen bedeutet immer, getrennt zu sein. In dem Moment, in dem dein Kind die Augen zumacht und einschlafen soll, ist es getrennt von dir. Wenn dies deinem Kind zu viel Angst macht, kann es, ja darf es nicht einschlafen, da es Angst hat, du könntest ihm verloren gehen. Die Angst ist dann eine gute Strategie, dich nicht gehen zu lassen.

Die Angst vor inneren Konflikten ist oft diffiziler. Hier könnte beispielsweise auch eine Angst vor eigenen abgewehrten Gefühlen stehen. Sogar die eigenen Fähigkeiten können Kindern und häufiger noch Jugendlichen Angst machen.

Schauen wir uns diese Ängste doch etwas genauer an. Die folgenden Beispiele beschreiben die Ängste, die ich in der Praxis am häufigsten erlebe. Sie sollen dir helfen herauszufinden, was deinem Kind Angst machen könnte. Vielleicht vermutest du andere Ängste bei deinem Kind; dann möchte ich dich ermutigen, diesen Gedanken weiter nachzugehen und dein Handeln danach auszurichten (siehe Kapitel 5).

Angst vor Trennung

Trennungsangst ist im frühen Lebensalter etwas völlig Normales. Die Trennungsangst ist ein Garant fürs Überleben. Wenn eine Schutz und Sicherheit bietende Person verloren geht, ist das Kind Gefahren hilflos ausgeliefert. Trennung und Verlust können die Auslöschung des eigenen Selbst bedeuten. In der Angst denken wir nicht vernünftig, logisch und abwägend. Wir denken in Extremen und gehen vom Schlimmsten aus.

Falls dein Kind unter Trennungsangst leidet, heißt das für dich: Innerlich (vielleicht unbewusst) hat es Angst, allein nicht überlebensfähig zu sein, dich also unbedingt in der Nähe zu brauchen.

Trennungsangst kann sich in vielerlei Aspekten zeigen: Manche Kinder schaffen die reale Trennung von ihrer Mutter oder ihrem Vater kaum: Sie wollen nicht in den Kindergarten, trauen sich nicht in die Schule, vermeiden die Berufsschule oder die Ausbildungsstätte. Auch Laura aus unserer Geschichte leidet unter Trennungsangst.

Eine andere Form der Trennungsangst sind Schlafstörungen. Ein Kind, das Angst hat, sich zu trennen und Mama loszulassen, kann sich auch beim Einschlafen schwertun.

Eine dritte Variante von Trennungsängsten zeigt sich in Katastrophengedanken. Manche Kinder leiden unter sich aufdrängenden Befürchtungen, Mama oder Papa könnte etwas zustoßen und verlangen nach einer sich wiederholenden Bestätigung, dass dem nicht so ist. Hinter diesen manchmal zwanghaften Verhaltensweisen verbirgt sich nicht selten eine Trennungsangst. Die Befürchtung, Mama könnte einen Autounfall haben oder krank sein, beinhaltet die Angst, dass Mama tatsächlich nicht mehr da sein könnte. Einseitige Beruhigungen („es passiert schon nichts") helfen hier deinem Kind nicht weiter, da die persönliche Befürchtung bleibt. „Was ist mit mir, wenn Mama nicht mehr da ist?", bleibt als Urangst auch bei vermeintlich beruhigenden Worten bestehen.

Um sinnvoll und hilfreich handeln zu können, solltest du dir die wichtigste aller Fragen stellen: Warum?

Warum in aller Welt kommt dein Kind auf die Idee, dass du ihm verloren gehen könntest? So wie Schnupfen auf viele Ursachen zurückzuführen sein kann, kann auch Trennungsangst viele verschiedene Gründe haben. Wenn man so will, ist Trennungsangst lediglich das Symptom. Die dahinterliegende „Krankheit" kann bei Laura eine völlig andere sein als bei Max, und bei Max wieder eine andere als bei Leon.

Laura war mittlerweile schon drei Monate bei Frau Keller in Therapie. Eigentlich konnte sie gar nicht recht sagen, was bei ihr passierte, aber sie wusste, dass Frau Keller nett war. Und sie spielte mit ihr, sogar fast immer das, was Laura spielen wollte. Meist schnappte sich Laura eine von Frau Kellers Tierfiguren. Frau Keller hatte nämlich viele verschiedene. Am liebsten nahm sie die Katze; Frau Keller spielte dann den Bären. Ehrlich gesagt hatte die Therapeutin auch ein paar Tiere, die Laura gar nicht gerne mochte. Die gruslige Spinne oder das Krokodil mit den spitzen Zähnen oder die Schlange konnte sie gar nicht leiden. Laura wollte sie nicht mal anfassen, so gruslig wirkten die.

Frau Keller war aufgefallen, dass Laura diese Tiere mied. Ihr war aber noch mehr aufgefallen. Laura hatte das Spiel mit der Zeit immer ein klein wenig verändert. Anfangs war Laura ein ganz schüchternes und zurückhaltendes Kätzchen, das am liebsten immer in derselben Zimmerecke blieb und wenn etwas passierte, was Laura erschreckte (einmal war tatsächlich die gruslige Vogelspinne aus der Kiste gefallen und lag dann gut sichtbar am Boden), dann wollte das Kätzchen schnell zu seiner Mama zurück. Laura kuschelte dann im Spiel ihr Katzenkind an eine etwas größere Katze, die Laura zur Katzenmama erklärt hatte. In letzter Zeit aber sprach Laura als Kätzchen nicht mehr davon, dass sie zur Katzenmama wollte, sondern dass das Katzenkind von seiner Mama gerufen wurde. Als Frau Keller in ihrer Rolle als Bär nachfragte, stellte sich heraus, dass die Katzenmama krank war und viel weinen musste. Sollte etwa Laura Angst haben, sich zu trennen und in die Schule zu gehen, weil sie fürchtete, dass es ihrer Mutter nicht gut ging?

Trennungsangst kann also entstehen aus Sorge um relevante Bezugspersonen. Wirkt beispielsweise die Mutter oder der Vater auf das Kind nicht stabil und selbst bedürftig, leidet ein Elternteil unter einer körperlichen oder psychischen Krankheit, dann spürt das Kind dies häufig, zumindest auf einer unterbewussten Ebene. Wenn dein Kind den Eindruck hat, dir geht es nicht gut, wenn es weg ist, und es müsste zumindest in der Nähe sein, damit es dir besser gehen kann, macht die Angst vor der Trennung absolut Sinn. Dann hilft diese Angst vor der Schule oder dem Besuch der Arbeit, die Nähe zu dir zu erhalten und so (unbewusst) für dich zu sorgen.

Ebenso macht es auch andersherum Sinn: Kinder, die sich nicht stark genug für die Anforderungen der Welt draußen fühlen, suchen den Schutz der Eltern durch Nähe; ihre Angst hilft ihnen, daheim bleiben zu dürfen. Hat dein Kind das Gefühl, es sei nicht gewappnet für all die Aufgaben, die im Leben draußen warten, wird es zurückhaltend und ängstlich sein. Die Trennung von dir als Mama oder Papa ist somit (zumindest in der Fantasie des Kindes) tatsächlich bedrohlich und muss aus dieser Motivation heraus unter allen Umständen vermieden werden. Was ist, wenn dein Kind denkt, das Tuscheln von Mitschülern gelte ihm und es kann nicht zu dir hinlaufen und sich verstecken, weil es ja in der Schule sein muss? Oder die Lehrerin fragt dein Kind etwas, das es nicht beantworten kann? Dann hat dein Kind ein Problem, wenn es seinen Selbstwert einzig und allein daraus zieht, dass es toll sein und von allen Personen gelobt werden möchte, weil es so „brav" ist.

Ein weiteres Beispiel ist die Sorge um das Zuhause des Kindes. *In letzter Zeit streiten Mama und Papa so oft. Manchmal reden sie tagelang nicht mehr miteinander. Die Eltern des Nachbarkindes haben sich schon getrennt. Was wäre, wenn sich die eigenen Eltern auch trennen?* Bei dem Gedanken an eine mögliche Trennung oder einen andauernden Konflikt zu Hause fühlt es sich für das Kind besser an, ebenfalls zu Hause zu sein und „aufzupassen". Notfalls kann man als Kind auch daheim irgendetwas anstellen. Dann sind die Eltern abgelenkt, streiten nicht mehr miteinander, sondern mit dem Kind. Das fühlt sich zwar furchtbar an, aber wenigstens hat man als Kind dazu beigetragen, dass die Eltern sich nicht gegenseitig beleidigen. Auch in diesem Fall scheint Trennungsangst aus innerpsychischer Sicht eine vermeintlich gute Lösung zu sein. Das Kind, das wegen seiner Angst nicht in die Schule gehen und das Haus verlassen kann, kann zu Hause alles mitbekommen – selbst wenn es nur in seinem Zimmer bleibt. Mitzubekommen, welche Stimmung gerade zu Hause herrscht, verleiht ihm das Gefühl, so etwas wie Kontrolle über eigentlich Unkontrollierbares zu haben.

Es gibt viele denkbare Hintergründe für eine Trennungsangst. Wichtig ist, dass du dir Gedanken machst, wie die Situation zu Hause ist, wie du und dein Partner von deinem Kind wahrgenommen werden könnten. Manchmal geht es gar nicht um die echte Situation, sondern dass Kinder etwas spüren und wahrnehmen und daraus schlussfolgern. Die Trennungsangst ist etwas, das von der Psyche eigentlich als Art Lösungsversuch für ein noch größeres Problem gedacht ist.

Angenommen, du als Mutter oder Vater leidest selbst unter Depressionen, dann ist dein Wohl für dein Kind das Wichtigste auf der Welt. Warum sollte dein Kind dann in die Schule gehen und dich allein lassen?

Nur wenn es in deiner Nähe ist, kann es sich um dich kümmern – dieser Gedanke könnte als innere Triebkraft z. B. hinter einer Schulangst stecken.

Auch Laura aus unserer Geschichte scheint etwas zu spüren, aus dem sie schlussfolgert, sich um ihre Mama kümmern zu müssen. Dabei kann „Kümmern" auf ganz unterschiedliche Art erfolgen. Oft geht es nicht darum, dass Kinder ihre Eltern versorgen; ihnen genügt, wenn sie sich selbst in den Fokus der Eltern rücken, beispielsweise durch auffälliges Verhalten. Sie wissen, Mama ist weniger zurückgezogen oder traurig, wenn sie sich über das Verhalten des Kindes ärgern muss. Also hilft es bereits, daheimzubleiben und sich danebenzubenehmen.

Lauras Mama, Patricia, war selbst auch alle vier Wochen bei Frau Keller zu Elterngesprächen. Frau Keller erzählte zwar nie etwas aus den Terminen mit Laura, sie war aber auch für Patricia da und sprach mit ihr über Themen, die Patricia selbst beschäftigten. Einmal berichtete Patricia von ihrem Tumor, der vor kurzem im Darm gefunden wurde. Patricia hatte ihrer Tochter noch gar nichts davon erzählt. Sie

wusste ja selbst noch nicht, ob dieser gutartig oder gefährlich für sie war. Patricia hatte Angst vor den auf sie zukommenden Belastungen, wollte ihre Laura aber schonen.
Im Gespräch mit Frau Keller wurde ihr bewusst, dass dies wahrscheinlich gar nicht so funktionierte. Laura musste sie seitdem sicher als verändert wahrnehmen. Sie war nachdenklicher und zurückgezogener. Wenn sie ganz ehrlich war, wusste sie nicht, ob nicht Laura doch etwas von ihrer Belastung ahnte. Patricia wurde mit einem Mal klar, dass sie vielleicht gerade durch das Geheimhalten Laura in Angst und Sorge versetzt hatte. Etwas Bedrohliches zu spüren, ohne es verstehen zu können, hat sich für Laura sicherlich besonders hilflos angefühlt.

Angst vor dem Neuen

Neues und Unbekanntes ist aufregend. Der neue Spielplatz, die neue Schule, die neuen Nachbarn – alles Neue weckt Neugier und ist aufregend zugleich. Bei manchen Kindern bleibt es nicht bei der Aufregung, sondern es entsteht Angst. Kinder mit mangelndem Selbstwertgefühl tun sich mit neuen Situationen schwer. Werde ich den Anforderungen des Neuen gewachsen sein? Traue ich mich, auf dem neuen Spielplatz die steile Rutsche herunterzurutschen? Wie sind die anderen Kinder an der neuen Schule? Werden sie mich akzeptieren? Was, wenn die neuen Nachbarn nicht nett sind und mich nicht mögen?

Viele Gedanken und Grübeleien können aufgrund von neuen Herausforderungen im Leben entstehen. Die Gedankenspiralen sollen eigentlich helfen, sich innerlich auf das Neue und Unbekannte vorzubereiten. Aber oft fördern sie nur noch mehr Angst zutage, denn je länger wir über etwas nachdenken, desto mehr mögliche Schwierigkeiten können wir uns ausmalen.

Je stärker der Fokus auf den Schwierigkeiten liegt, desto mehr fällt uns wiederum das Negative auf. Wir fühlen uns in den negativen Gedanken bestärkt und bekommen so durch unseren eigenen Wahrnehmungsfilter eine Bestätigung für unsere Angst.

Alle anderen Kinder trauen sich an die steile Rutsche, nur ich nicht. Da will ich gleich gar nicht mehr hin. Die anderen schauen mich schon ganz komisch an. Fehlt nur noch, dass einer „du Weichei" zu mir sagt. Eigentlich akzeptiert dieses Kind sich selbst nicht. Es definiert seinen Selbstwert so, dass es meint, mit allen anderen gleichziehen zu müssen und setzt sich damit unter Druck.

Die neue Schule ist so groß und da gehen so viele Kinder hin, die ich nicht kenne. Da sehe ich schon zwei, die schubsen sich auch noch gegenseitig. Ich will da am liebsten gar nicht hin. – Auch dieses Kind hat sein inneres Gefahrenradar ganz empfindlich eingestellt und nimmt die möglichen Gefahren dadurch größer wahr.

Es sieht nicht, dass die beiden schubsenden Kinder viel lachen und Spaß miteinander haben, aber keine anderen Kinder angreifen. Es sieht nicht, dass der Nachbarjunge aus der höheren Klasse übers ganze Gesicht strahlt und sich freut, als er das Kind sieht. Die Angst vor dem Neuen und Unbekannten blockiert die Wahrnehmung dieses Kindes.

Olivia und Sven waren beide 37 Jahre alt, als Nicolas geboren wurde. Beide hatten sich sehr bewusst für ihren Sohn entschieden und freuten sich, als sie endlich Nachwuchs bekamen. Sie arbeiteten beide bei einem größeren Unternehmen und verdienten gut. Die Elternzeit teilten sie sich gerecht auf, sodass Nicolas in der Anfangszeit Mama und Papa gleichermaßen haben konnte. Nur manchmal wurde es später schwierig, wenn Sven wieder beruflich für ein paar Wochen nach Asien reisen musste. Aber zum Glück gab es Olivias Mutter, die sich liebevoll um ihren Enkel kümmerte. Nicolas machte es seinen Eltern leicht und war für die beiden ein unkompliziertes Kind. Erst in der dritten Klasse, als Nicolas eine neue Lehrerin bekam, fiel Olivia und Sven auf, dass er unter Ängsten litt. Jede Veränderung schien für ihn plötzlich schwierig zu sein.

Zugegeben, die neue Lehrerin forderte viel von den Kindern, aber schließlich war Nicolas ein kluges Kerlchen und eigentlich konnte er allen Anforderungen in der Schule gerecht werden. Warum nur jammerte er jeden Morgen, dass er Bauchschmerzen habe und nicht in die Schule wollte? Auch auf den Umzug eines Freundes reagierte er sichtlich. Er löcherte seine Eltern mit Fragen, wer nun in das Haus ziehe und machte einen Bogen um das leerstehende Gebäude. Eines Tages erfuhr Olivia von ihrem Sohn, dass er fremde Leute in diesem Haus gesehen habe, die wie Diebe aussähen. Was, wenn diese Leute ihn entführen würden?

Jede Veränderung des Tagesablaufs und erst recht größere Veränderungen (Sven musste für eine Woche nach China) fielen Nicolas schwer. Er versuchte, sich dagegen zu wehren und wenn dies alles nichts half, weinte er und meinte, er habe „so große Angst". So sorgte er sich um seinen Papa, dass diesem auf seiner Reise etwas zustoßen könnte.

Es gibt viele Beispiele für die Angst vor Neuem. Davon betroffen sind in der Regel selbstunsichere Kinder. Sie haben nicht das nötige Vertrauen entwickelt. Die Bindungstheorie geht davon aus, dass es für eine stabile und sichere Entwicklung im

Leben eines Kindes zwei Pole braucht, die beide gleichermaßen wichtig sind. Unsere Kinder benötigen eine sichere und liebevolle Bindung zu uns Eltern und die Ermutigung, die Welt zu erkunden und zu explorieren. Nur wer sicher gebunden ist, kann sich weitgehend stressfrei der neuen unbekannten Welt zuwenden und diese neugierig erobern.

Hat dein Kind aus dem Blickwinkel seiner eigenen Wahrnehmung heraus nicht genügend annehmende und liebevolle Bindung erfahren, wird es sich schwertun, das Neue (auch neue Menschen) innerlich positiv wahrzunehmen.

Hat dein Kind den Eindruck, es gibt ein unausgesprochenes „Erkundungsverbot“ (beispielsweise, wenn du als Mutter oder Vater selbst eher ängstlich veranlagt bist), dann wird es sich ebenso mit dem Neuen schwertun.

So gesehen sind die Angst vor dem Neuen und die Trennungsangst nur unterschiedliche Seiten ein und derselben Grundangst. Je nachdem, welche Seite betont wird, zeigt sich eher die Angst, loszulassen und sich aus der elterlichen Nähe zu lösen, oder die Angst vor den anderen, den unbekannten Welten.

Für dich als Mutter oder Vater eines Kindes mit Angst vor Neuem bleibt die Grundfrage: Hat dein Kind subjektiv betrachtet noch zu wenig aus eurer Bindung verinnerlichen und aufnehmen können oder hat es den Eindruck bekommen, dass du seinen Erkundungsdrang kritisch siehst? Braucht dein Kind eher noch Nähe und ein Gefühl von „Mama-ist-für-mich-da-egal-was-ich-draußen-erlebe“ oder braucht es Ermutigung und Ermunterung, sich doch an das Unbekannte zu wagen? Je ausgewogener die Waage zwischen Bindung und Erkundung ist, desto sicherer und stabiler ist die zugrunde liegende Bindungsrepräsentanz – das innere Abbild der Bindung. Je mehr die Kinder das Gefühl entwickelt haben, zu Hause – so wie sie sind

– angenommen zu werden und geborgen zu sein, desto weniger müssen sie sich vor Neuem fürchten.

Wenn unsere Kinder ein Grundgefühl entwickeln, gemocht und akzeptiert zu werden, jederzeit zu Hause auftanken zu können, in Mamas Armen getröstet zu werden, dann können sie auch leichter auf die Welt zugehen, sich dort behaupten und an neue Abenteuer heranwagen.

Angst vor den eigenen Gefühlen

Bisher hatten die Beispiele mit dem Außen zu tun: Trennungsangst und die Angst vor Neuem beschäftigen sich mit realen oder fantasierten äußeren Ereignissen. Schauen wir uns nun einen möglichen Grund für Ängste an, der mehr mit unserem Innenleben zu tun hat.

Die Angst vor den eigenen Gefühlen hat mit inneren Erlebnissen und Gedanken zu tun. Schwierige Gefühle wie Trauer und Wut können Angst machen, Angstgefühle wiederum sehr verunsichern.

Vielleicht wirst du dich nun fragen: Wieso sollten eigene Gefühle Angst machen? Was ist an Gefühlen denn schlimm?

Nun, je sicherer die Bindungsbeziehung zum eigenen Kind ist, umso wahrscheinlicher hat dein Kind gute Strategien entwickelt, mit eigenen Gefühlen wie Trauer, Wut oder auch Angst umzugehen. Dein Kind hat erfahren und erlebt, dass es mit all seinen schwierigen Gefühlen zu dir kommen und bei dir Trost und Halt erleben kann. Es hat deine Fähigkeit, seine Gefühle zu beruhigen, verinnerlicht. Die Fähigkeit zur Emotionsregulation entwickelt sich von außen nach innen: Indem dein Kind dich in deiner Emotionsregulation erlebt, kann es dieses Muster übernehmen. Indem dein Kind erlebt, dass es in deiner Nähe eine Beruhigung seiner eigenen Gefühle erfährt, wird es dein Verhalten zur Beruhigung als eigenes Verhaltensmuster verinnerlichen und eine Fähigkeit zur Selbstberuhigung entwickeln.

Wenn sich diese Bindung, aus welchen Gründen auch immer, nicht sicher, verlässlich und ausgewogen entwickelt hat, wird es für dein Kind schwerer sein, sich selbst zu beruhigen und Mut zu entwickeln. Falls du selbst von deinen Eltern wenige Fähigkeiten zur Emotionsregulation mitbekommen haben solltest, wirst du dich automatisch schwertun, bestimmte Gefühle deines Kindes zu regulieren. Manchmal bezieht sich dies auf Gefühle im Allgemeinen, manchmal sind nur bestimmte Gefühle betroffen.

In vielen Familien sind bestimmte Emotionen „tabu“. Dass ein Onkel, der bei Familienfesten immer zu viel trinkt, oft aggressiv und ausfällig wird, kann beispielsweise dazu führen, in der eigenen Familie Gefühle der Wut zu unterdrücken, um ja nicht dem eigenen Onkel ähnlich zu werden.

Ein Todesfall in der Familie, der zu schmerzlich und mit einer immensen Traurigkeit verbunden ist, muss möglicherweise innerlich „ausgeblendet“ werden. Trauer wird in dieser Familie zu einem „gefährlichen“ Gefühl. Alles, was Tränen auslösen kann, wird so in der Fantasie zur Gefahr und muss vermieden werden.

Auch die eigene Angst kann als potenziell unaushaltbar fantasiert werden und muss dann schon in kleinsten Ansätzen vermieden werden. Es entwickelt sich eine Angst vor der Angst.

Hat unsere Psyche die Überzeugung entwickelt, dass bestimmte Gefühle schier nicht auszuhalten sind, weil sie Angst auslösen, müssen diese in der Folge – wenn irgend möglich – gemieden werden.

Eine Depression ist häufig ein unbewusstes Vermeiden aller möglichen belastenden Gefühle und kann aus der Angst heraus entstehen, diesen Gefühlen nicht gewappnet zu sein.

Gerade bei depressiven Jugendlichen erlebe ich oft, dass Wut das vorherrschende Gefühl ist, das vermieden werden muss. Wenn dein jugendliches Kind unbewusst Angst hat, dass die in der Pubertät erwachte Stärke und Kraft in Verbindung mit der eigenen Fähigkeit zur Wut (und zum Wüten) zerstörerisch werden könnte, dann ist es erst einmal eine „kluge" Strategie der eigenen Psyche, diese Wut zu vermeiden. Um dieser Gefahr, wütend zu werden, komplett auszuweichen, ist es sinnvoll, gar nicht mehr außer Haus zu gehen. Kontakte zu anderen werden minimiert, denn Wut tritt häufiger in Beziehung zu anderen Menschen auf. Die eigene „Depression" ist in dieser Konstellation nichts anderes als eine Angst vor der eigenen Wut, letztlich vor der eigenen Selbstbehauptung. „Vielleicht raste ich völlig aus, wenn ich diese Wut erst einmal zulasse" – könnte ein innerer Leitsatz des depressiven Jugendlichen sein.

Die beschriebenen Ängste vor eigenen Gefühlen zeigen sich tatsächlich häufig in Form von Depressivität. In der depressiven Stimmung ist das vorherrschende Gefühl eine Art innere Leere. Gefühle werden unterdrückt und Situationen, die diese Gefühle hervorrufen können, weitgehend gemieden.

Innerlich gibt es bei den Betroffenen die Befürchtung, diesen Gefühlen nicht gewachsen zu sein, keinerlei Fähigkeiten zu haben, mit diesen Gefühlen auch nur annähernd klar zu kommen und diese aushalten zu können. Erst wenn diese Fähigkeit wächst, trauen sich die Betroffenen wieder mehr aus ihrem Rückzug heraus. Gerade dafür brauchen sie häufig eine andere Person, ein Gegenüber, mit dem sie unerschrocken über diese Gedanken und Gefühle sprechen können.

Bei Jugendlichen beziehen sich diese Gefühle nicht selten auf die Eltern, sodass sie sich nicht trauen, diese gerade dort, also bei ihren Eltern, anzusprechen. Dann braucht der Jugendliche eine gute Vertrauensperson außerhalb der Familie.

Gerade Jugendliche stehen innerlich an der Türschwelle zwischen der Geborgenheit und Sicherheit in der Familie einerseits und dem andrängenden Bedürfnis, sich abzulösen und in ihr eigenes Leben durchzustarten andererseits. Wut und Aggression tauchen hier in der Fantasie häufig auf, da Aggression hilft, sich zu lösen. Wenn dein Kind als Jugendlicher in deiner Gegenwart wieder mehr den Wunsch verspürt, doch noch „klein" bleiben zu wollen und sich eben noch nicht ins eigene Leben zu trauen, dann kann es wütend auf dich werden. Diese Wut kann als gefährlich empfunden werden, da dein Kind vermutlich fürchtet, mit dieser Wut euer Verhältnis zu sehr zu belasten, weshalb es diese Wut wiederum unterdrücken muss. Diese Dynamik ist eine Brutstätte für vielerlei verschiedene Symptome. Manchmal entspringen auch Ritzen oder Anorexie einer innerlich unausgewogenen Balance zwischen den Polen Anpassung ans und Abgrenzung vom Elternhaus.

Wichtig an dieser Stelle ist erst einmal, dass wir festhalten: Eigene als unaushaltbar erlebte oder als unaushaltbar befürchtete Gefühle wecken Angst.

Es ist die Angst vor diesen Gefühlen, die wir kennen und beachten müssen, wenn wir etwas verändern wollen.

Julia war gerade 17 Jahre alt geworden. Ihre Eltern, Anne und Matthias, hatten gegen Julias Willen eine Feier organisiert. Julia hätte wahrscheinlich niemanden eingeladen. Seit 2 Jahren hatte sie sich mehr und mehr zurückgezogen. Sie sagte, sie wisse nicht, was sie mit den anderen sprechen und wie sie auf andere reagieren soll. Überhaupt sei sie am liebsten allein und höre traurige Musik. Anne und Matthias hatten das nicht mehr ausgehalten. „Seinen 17. Geburtstag sollte man doch feiern", dachten sie sich und hatten Julias beide Cousinen und

die ehemals beste Freundin von Julia eingeladen. Eigentlich fand Matthias, dass der Abend ganz gut gelungen war. Die Mädchen hatten miteinander einen Film angesehen und dann noch lange bei ihnen zu Hause „gefeiert". Anne ist sich nicht so sicher, ob es gut war, Julias ausdrücklichen Wunsch, nicht feiern zu wollen, übergangen zu haben, aber sie hatte sich dann doch überreden lassen. Vielleicht war es doch richtig. Schließlich hatte Julia im Beisein der anderen mal wieder gelacht und wirkte nur am Anfang sehr gehemmt.
Schon lange waren Anne und Matthias ziemlich verzweifelt. Sie kannten die Befürchtungen ihrer Tochter in- und auswendig: Was ist, wenn die anderen merken, wie unsicher ich bin? Wer mag denn schon mit so einem Trauerkloß wie mit mir befreundet sein? Was ist, wenn ich was Falsches sage und das Gespräch verstummt? Was ist, wenn die anderen merken, wie komisch ich bin, oder gar, wenn ich weinen muss?

Angst vor der eigenen Entwicklung

Zugegeben, das klingt seltsam, oder? Warum sollte dein Kind Angst vor der eigenen Entwicklung aufbauen?

Wenn wir uns jedoch anschauen, wozu Entwicklung führt, dann wird es klarer: Entwicklung führt dazu, dass unsere Kinder auf eigenen Beinen – unabhängig von Mama und Papa – im Leben stehen können. Wer auf eigenen Beinen steht, kann auch in sein eigenes Leben starten. Wer sich entwickelt, hat die Chance, sich von den Eltern lösen zu können. Entwicklung führt in letzter Konsequenz somit zur Trennung. Diese Angst vor den nächsten Entwicklungsschritten ist so gesehen nichts anderes als eine differenzierte Form von Trennungsangst.

Angst vor magischen Wesen

Auch die bereits erwähnte Angst vor magischen Wesen im Kindergartenalter passt in diese Kategorie. Das Kind, das unbewusst vor den eigenen Fähigkeiten erschrickt, absichtlich unerwünscht, also in Kindersprache „böse“ handeln zu können, kann Ängste vor diesen eigenen Fähigkeiten entwickeln. Wie gut, dass sich diese Ängste dann nach außen verlagern können: Das Erschrecken vor der eigenen Fähigkeit, „böse“ werden zu können, wird so zur Angst vor dem „bösen Einbrecher“ oder dem Krokodil.

Prüfungsangst

Während sich die Angst im jüngeren Alter noch bewusster zeigt und sich die Kinder real an Mamas Bein festklammern, sähe dies bei Jugendlichen dann doch etwas komisch aus. Stattdessen zeigen sich Ängste vor den nächsten Entwicklungsschritten auf andere Art. Auf einmal entwickelt ein Mädchen, das bisher gute Noten in der Schule hatte, beispielsweise Prüfungsangst. Jede bestandene Prüfung führt sie auf einer unbewussten Ebene näher zur Loslösung von den Eltern. Wenn dieser anstehende Lösungsprozess ängstigt, kann es für die Psyche sinnvoll scheinen, vor Prüfungen Angst zu entwickeln, um die Loslösung zu verhindern oder zumindest aufzuschieben.

Diese Symptomatik zeigt der Jugendlichen und den Eltern zugleich, dass sie sich noch nicht ausreichend reif für den nächsten Entwicklungsschritt fühlt. Prüfungsangst kann natürlich auch aus anderen Gründen entstehen, aber die Angst vor der eigenen Entwicklung und Loslösung kann eine mögliche Ursache sein.

Dabei ist Prüfungsangst an sich erst einmal etwas völlig Normales. Jede Prüfung löst Angst aus, verbunden mit einer gesunden Aufregung, die dafür sorgt, dass wir hoch konzentriert bei der Sache sind und mit der nötigen Energie an die Aufgaben herangehen. Prüfungsangst als hinderliche Symptomatik wird erst dann relevant, wenn sie eben nicht mehr für eine bessere Leistungsfähigkeit sorgt, sondern innerlich blockiert und den Abruf des Wissens verhindert. Jede subjektiv „misslungene" Prüfung wird so zu einem Beweis, dass man noch nicht so weit (oder nicht gut genug) ist für die großen Anforderungen des Lebens. Unser Schulsystem bietet die Chance, noch „kleiner" bleiben zu dürfen. Es gibt die Möglichkeit, nicht in die nächste Klasse vorzurücken oder entscheidende Prüfungen zu wiederholen.

Angst vor dem Berufsleben

Ein anderer Lebensbereich, bei dem die Angst vor der eigenen Entwicklung auffällt, ist der Schritt ins Berufsleben, insbesondere in die Ausbildung. Für viele Adoleszente kommt dieser Entwicklungsschritt innerlich zu früh. Da macht es innerpsychisch wiederum Sinn, die Bewerbungsschreiben hinauszuzögern oder so schlecht zu gestalten, dass Eltern sich aufgerufen fühlen, für ihre Kinder die Bewerbung zu schreiben. Solltest du dich hier wiedererkennen, dann mache dir klar, dass es oft nicht allein um die Bewerbung geht, sondern dass dein Sohn oder deine Tochter vermutlich Angst vor diesem Entwicklungsschritt als solchem hat.

Depressivität als Angst vor der eigenen Entwicklung

Wenn sich Adoleszente noch nicht so weit fühlen, dass sie stark und selbstbewusst die Anforderungen des eigenständigen Lebens angehen können, dann macht dieser Schritt enorm viel Angst. Hin und wieder entwickelt der Überforderte sogar eine Depression und zieht sich zurück in sein Kinderzimmer, wenn er sich emotional nicht vorbereitet für die Welt erlebt. Fatal, wenn dann die Depressionsdiagnose und eine Krankschreibung den Betroffenen tatsächlich völlig von dieser Anforderung befreien. In diesem Fall entsteht ein immenser Krankheitsgewinn, also ein Vorteil, den die Erkrankung mit sich bringt und der wiederum dazu beiträgt, dass die Depression gerne etwas länger andauert.

Auch in dieser Situation darfst du dir als Mutter oder Vater klar machen, dass es keine böse Absicht deines Kindes ist, die Bewerbungen zu verschieben, sondern dass dahinter eine Angst stecken kann. Erst wenn dein Kind sich selbst als fähig genug erleben kann und zugleich genügend Rückhalt und notwendige Liebe im Elternhaus spürt, kann es den nächsten Schritt hin zu einer eigenständigen Entwicklung unternehmen.

Der Druck, den viele Eltern an dieser Stelle erleben, ist nachvollziehbar. Je länger dein Kind nach der Schule nicht in die Pötte kommt, sich nicht bewirbt, keinen Ausbildungsplatz ergattert, desto länger ist es zu Hause und traut sich wiederum weniger zu. Zugleich müssen die Lücken im Lebenslauf bei zukünftigen Bewerbungen irgendwie erklärt werden. Dies alles macht Kind und Eltern immensen Druck, der wiederum den innerpsychischen Konflikt verschärft. Die Angst führt zum Rückzug und Vermeiden der Aufgaben. Als Mutter oder Vater möchtest du antreiben und wirst wütend, notfalls übernimmst du für dein Kind die Aufgabe und schreibst die Bewerbung selbst. Dein Kind fühlt sich von dir bevormundet und hat zugleich das Bild, dass es selbst nicht in der Lage ist, die Bewerbung zu schreiben, fühlt sich also wiederum inkompetent.

Sollte es überhaupt zum Bewerbungsgespräch kommen, kann es spätestens hier wieder scheitern, sodass der Kreislauf von vorne beginnt.

So ähnlich erging es Erika mit ihrer Tochter Leonie. Leonies Vater war vor 3 Jahren an plötzlichem Herzversagen gestorben und Leonie hatte damals ihr Studium abgebrochen. Erika wusste, dass Leonie das Studium nur ihrem Vater zuliebe begonnen hatte. Als Gerhard damals plötzlich im Garten zusammensackte und einen Hinterwandinfarkt erlitt, änderte sich Leonies Leben mit einem Schlag. Sie verlor den wichtigsten Halt in ihrem Leben. Ihr Vater hatte ihr zu allem Ratschläge gegeben. Das war zwar für Leonie oft nervig, aber bot ihr auch Orientierung in dieser sich ständig verändernden Welt. Eigentlich hatte sie den geheimen Wunsch gehegt, Kunst zu studieren statt Lehramt. Davon wusste aber nur Erika. Ihrem Vater Gerhard hätte sie diesen Wunsch nie anvertraut. Sie wusste ja, dass er recht hatte und sie damit wahrscheinlich nie Geld verdienen würde. Als ihr Vater starb, brach Leonie völlig in sich zusammen. Sie kam wochenlang nicht mehr aus ihrem Zimmer und entwickelte eine schreckliche Angst, außer Haus zu gehen. Wenn Erika sie zu kleinen Wegen überredete, entwickelte Leonie heftige Panikattacken. Es war, als ob sie fürchtete, jederzeit selbst einen Herzinfarkt erleiden zu müssen. Erika wusste sich bald nicht mehr zu helfen und beschloss, mit einer guten Freundin ein Wanderwochenende in den Bergen zu verbringen, um etwas Abstand zu gewinnen.

Es braucht Ruhe und die Möglichkeit, innerlich einen Schritt zurückzutreten, um sich dieser Entwicklung erst einmal bewusst zu werden. Wir werden uns im Kapitel 5 genauer anschauen, welche Handlungsmöglichkeiten du tatsächlich hast, um mit dieser Situation umzugehen.

Um noch mehr über die unbewussten Abläufe in unserer Psyche zu verstehen, sollten wir uns einmal vor Augen führen, wie unsere Psyche selbst mit diesen Ängsten umgeht.

Abwehrmechanismen

Unsere Psyche sucht immer wieder Möglichkeiten, mit all diesen unterschiedlichen Ängsten umzugehen.

Der gesündeste Weg ist auch der direkte: Wenn dein Kind die Erfahrung im Leben machen konnte, dass das Äußern der eigenen Gefühle zu etwas Sinnvollem führt, wird es seine Angst zeigen oder benennen.

Sobald dies jedoch nicht möglich ist (weil die Angst vor der Angst zu groß ist oder das Gefühl entstanden ist, du selbst als Mutter oder Vater könntest durch diese Angst überfordert sein oder diese nicht verstehen), braucht es einen anderen Weg, mit den Ängsten umzugehen.

Unsere Psyche hat hierfür etwas Geniales entwickelt: Abwehrmechanismen.

Abwehrmechanismen helfen uns, alle Erinnerungen, Gedanken und Gefühle, die unsere Psyche gerade überfordern, aus dem Bewusstsein zu drängen. Was nicht mehr bewusst ist, quält uns vordergründig nicht und wir brauchen uns damit (vermeintlich) nicht mehr auseinanderzusetzen. Unsere Psyche schiebt all das Unaushaltbare ins Unbewusste – aus den Augen, aus dem Sinn! Ist Bedrohliches erst einmal aus dem Bewusstsein entfernt, reduzieren sich erst einmal der unmittelbare Handlungsdruck und die belastenden Gefühle.

Für dieses Wegschieben gibt es viele verschiedene Formen von Abwehrmechanismen im Umgang mit dem nicht Aushaltbaren. Der bekannteste Abwehrmechanismus ist die Verdrängung. Erinnerungen, die uns quälen, werden aus dem Bewussten ins Unbewusste verdrängt. In unserer bewussten Wahrnehmung sind wir dann wie geschützt vor diesem vermeintlich Unaushaltbaren.

Eine andere Form eines Abwehr- oder Schutzmechanismus wird in der Psychoanalyse „Projektion" genannt. Hier wird ein eigener, in der Identität nicht verankerter Selbstanteil bei anderen wahrgenommen – und dort eventuell bekämpft. Wie wir gesehen haben, kann oft die eigene Fähigkeit zu Selbstbehauptung und Aggression von Kindern oder Jugendlichen nicht gut ins Selbstbild integriert werden. Stattdessen werden alle anderen als aggressiv wahrgenommen („die sind alle immer so gemein zu mir"). Dieser Mechanismus kann so zu einer Geburtsstätte für die eigene Angst werden: Wenn dein Kind andere durch Projektion ständig als aggressiv und bedrohlich erlebt, kann es vor diesen Angst entwickeln. Innerpsychisch wird dann die eigene Fähigkeit zur Aggression nach außen projiziert, in den anderen wahrgenommen und dort gefürchtet. Bei diesem Abwehrmechanismus hat dein Kind eigentlich Angst vor der eigenen Fähigkeit, wütend und aggressiv zu werden und verlagert diesen inneren Konflikt nach außen.

Luca war immer wieder aufs Neue enttäuscht, wenn sein Papa sich nicht an Versprechen hielt, die er ihm gegeben hatte. Zu vielen vereinbarten Treffen kam sein Papa nicht oder sagte kurzfristig ab. Sobald Luca jedoch spürte, dass er auf seinen Papa sauer und wütend wurde, musste seine

Psyche gegensteuern. Luca hatte Angst, seinem Papa zu zeigen, wie wütend er auf ihn sein konnte, denn schließlich musste Luca fürchten, dass Papa dann erst recht nicht mehr zu Besuch kommen würde. Also musste Luca einen anderen Weg finden, mit seiner Wut umzugehen.

Luca projizierte seine Wut auf andere Kinder. Nicht er selbst war wütend und würde am liebsten gemein werden, sondern in seiner Wahrnehmung wurden die anderen Kinder wütend und gemein. Eigene Aggressionen auf den Vater durfte er sich nicht erlauben, also verlagerte er diese nach außen und nahm die Gleichaltrigen als aggressiv war. Vor dieser Aggression glaubte er, sich schützen zu müssen. Also erlaubte ihm seine Psyche jetzt selbst doch noch aggressiv werden zu können – aber eben nur als Reaktion auf die subjektiv wahrgenommenen Aggressionen der anderen. Über diesen Umweg konnte seine Psyche ihm erlauben, diese Wut nach außen zu tragen. So konnte er auch seine Aggressionen zeigen – nun aber nicht mehr auf Papa (den er innerlich immer noch idealisierte), sondern auf die „bösen anderen Jungs" gerichtet. Sich gegenüber den Gleichaltrigen zu behaupten, war deutlich ungefährlicher, als gegenüber Papa wütend zu werden, dessen Zuwendung ja heiß ersehnt war.

Genial, oder? So gibt es viele verschiedene Formen der Abwehr, die alle dem Zweck dienen, Unaushaltbares wegzupacken, sodass es nicht in die eigene Identität oder Lebensgeschichte integriert werden muss.

Nur, die Sache hat einen Haken: Alles was unbewusst ist, ist dennoch nicht ganz weg und kann dort ein Eigenleben entwickeln. Das Beispiel mit der Projektion macht dies bereits deutlich: Die eigene Fähigkeit sich zu behaupten bleibt diesem

Kind zunächst nicht zugänglich. Es entwickelt Angst vor den anderen und erlebt diese als aggressiv. Gerade in dieser Situation wäre es doch hilfreich, sich behaupten zu können! Damit es diese Spirale aus Abwehr, Wahrnehmung von Aggression, Angst und erneuter Abwehr durchbricht, bräuchte das Kind genau diese abgewehrte und unterdrückte Fähigkeit, selbst mal wütend werden zu können und dem Ganzen ein Ende zu setzen.

Werden bestimmte Erlebnisse, Erfahrungen und Gefühle nicht bewältigt, dann entstehen innere, unbewusste Konflikte, die fortwirken. Bleiben diese Konflikte langfristig ungelöst, dann können sie zu Symptomen, zu psychischen Erkrankungen führen. Psychische Erkrankungen sind nichts anderes als eine Folge dieser Lösungsversuche: Das nicht Integrierbare wird abgewehrt, damit die Psyche damit umgehen kann. Eine Abwehr, die an sich wirklich wichtig und sinnvoll sein kann, verfestigt sich und führt als starrer und unflexibler Lösungsversuch zielgerichtet zu den Symptomen der psychischen Erkrankung.

Wie du im Folgenden sehen wirst, sind psychische Krankheiten nichts anderes als ein Versuch, einen inneren Konflikt zu bewältigen. Leider bleiben diese Bewältigungsversuche auf halbem Weg stecken und benötigen oft der Hilfe von außen. Da gerade bei Angststörungen die Eltern von ihren Kindern unmittelbar in die Lösungsstrategien verwickelt werden, ist es sehr wichtig, seine eigenen Handlungen und Haltungen zu überprüfen, um für das Kind und die Familie schädliche Verhaltensmuster verändern zu können.

Furcht oder Angst?

Um herauszufinden, wie du deinem Kind jetzt am besten zur Seite stehen kannst, ist es hilfreich zu unterscheiden, ob es sich um eine typische Angst handelt oder um eine konkrete Furcht.

> Dieses Gefühl kannte die 8-jährige Emma allzu gut: Das Herz klopfte ihr bis zum Hals, die Hände waren klatschnass. Die Knie fühlten sich an wie Wackelpudding. Aber diesmal war es anders. Ernster irgendwie. Stärker als sonst. An der früheren Schule war es auch schon da. Ihre Eltern hatten ihr immer gesagt: „Du brauchst nicht so viel Angst zu haben." Eine Therapeutin hatte mit ihr geübt, sich ihrer Angst zu stellen, und sie hatte gelernt, damit umzugehen.
>
> Das war vor dem Umzug gewesen. Die Therapeutin meinte, Emma hätte eine Trennungsangst. Jeden Morgen, bevor sie in die Schule ging, hatte sie diese Angst gehabt. Warum, wusste sie auch nicht so recht. Zu Hause bei Mama fühlte es sich einfach sicherer an.
>
> Jetzt war sie an einer neuen Schule und dieses Gefühl war zurückgekehrt. Emma sagte zu sich selbst: „Ich muss keine Angst haben." Aber sie hatte Angst. Und wie. Diesmal aber nicht, weil sie weg von zu Hause war. Sondern weil es da diese großen Kinder gab. Vor denen hatte sie Angst. Jeden Tag warteten sie schon. Auf Emma. „Na Kleine, hast du auch brav dein Taschengeld mitgebracht? Du weißt ja, was sonst passiert."
>
> Da stand sie nun vor dem Tor zum Pausenhof. „Sei stark Emma. Stell dich deiner Angst. Das haben dir alle immer gesagt. Das schaffst du schon", sagte Emma zu sich selbst und ging los.

Ganz schön schwierig – das mit der Angst. Angenommen, du wärst Mutter oder Vater von Emma. Was hättest du gedacht? „Oh nein, nicht schon wieder, jetzt fängt das Kind auch an der neuen Schule mit dieser Angst an." Das dachten jedenfalls Emmas Eltern – und das ist völlig nachvollziehbar, denn sie wussten nichts von der Mobbingsituation, in der sich Emma befand. Sie traute sich nicht, ihren Eltern davon zu erzählen, um diesen nicht schon wieder Sorgen zu bereiten.

Der Weg aus der Angst führt durch die Angst. Das ist das Motto, das bei Angstproblemen weiterhilft. In vielen Therapien wird die Angst in kleine Portionen und Teilziele aufgeteilt, so dass die Kinder und Jugendlichen schrittweise lernen, wie sie mit der Angst umgehen können und wie diese auch wieder kleiner wird.

Aber das wäre an dieser Stelle für unsere Emma fatal. Früher, an ihrer vorherigen Schule, hatte sie Angst. Da hat dieses Vorgehen geholfen. Aber jetzt hatte sie etwas anderes: Sie hatte Furcht.

Furcht ist die Folge einer realen Gefahr, während Angst die übersteigerte Reaktion auf etwas potenziell Bedrohliches ist. Beide warnen uns also vor Gefahren. Bei der Furcht jedoch ist diese Gefahr sehr konkret und real vorhanden – wie bei Emma, die an der neuen Schule Mobbing erlebt. Die körperlichen Symptome, wie Herzklopfen, Zittern oder Schwitzen, sind in beiden Situationen identisch – weshalb es für betroffene Kinder nur schwer zu differenzieren ist. Dafür brauchen sie Erwachsene, die ihnen helfen, mit den Angstsymptomen umzugehen.

Vielen Eltern geht es am Anfang einer Angstentwicklung so, dass sie nicht genau wissen, ob es sich um eine übersteigerte Reaktion oder um die Warnung vor einer Gefahrensituation handelt. Im Zweifel schwanken sie dann leicht zwischen einem gut gemeinten Behüten und Beschützen vor vermeintlichen

Gefahren auf der einen Seite und einem strengen Einfordern, sich der Angstsituation zu stellen, auf der anderen Seite, nach dem Motto „Hab dich nicht so, du musst doch da keine Angst haben."

Beide wohlmeinenden Reaktionen helfen oft nicht weiter, da Eltern ihrem Kind nur schwer die nötige Klarheit vermitteln können, solange sie selbst unsicher sind, ob es sich um Angst oder Furcht handelt. „Na gut, dann bleibst du heute von der Schule mal zu Hause" ist dann eine logische Reaktion auf den inneren Gedanken, dass an der Angst vielleicht was dran sein könnte. Solange du denkst, dass die Angst schon einen Grund haben wird, wirst du bei deinem Kind nie konsequent und klar einfordern, dass es sich der Angst stellen soll. Aber genau diese Haltung wäre im Umgang mit Angst als Kopfkino wichtig.

Wenn es jedoch eine reale Gefahr als Auslöser der Angst gibt, dann sprechen wir von Furcht. Diese wiederum erfordert ein völlig anderes Vorgehen. Denn Furcht warnt vor realen Gefahren. Die Symptome von Emma weisen darauf hin, dass es etwas gibt, wovor sie Schutz braucht. Mehrere, womöglich ältere Kinder, die sich gegen sie zusammenschließen und bedrohen – das ist eine reale Gefahr. Hier geht es also keineswegs darum, sich der Angst zu stellen, sondern diese ernst zu nehmen und nach Wegen zu suchen, wie das Mobbing beendet werden kann.

Emmas Furcht könnte nachlassen, wenn sie sich sicher fühlt und weiß, dass die Schule ein geschützter Ort ist. Hierbei ist die Unterstützung von Erwachsenen entscheidend. Die Überwindung von Furcht erfordert eine Auseinandersetzung mit der konkreten, mit der realen Situation, die diese Furcht hervorruft.

Angst dagegen erfordert, dass wir uns mit der übermäßigen Reaktion auf eine an sich harmlose Situation auseinandersetzen. Eine Diskussion mit dem Kind darüber, wie unwahrscheinlich die angsteinflößende Situation ist, ist nicht zielführend, da eine gewisse Restwahrscheinlichkeit bestehen bleibt. In diesem Zusammenhang ist es entscheidend, sich darauf zu konzentrieren, was dem Kind helfen kann, die Angst zu bewältigen und sie zu regulieren.

Mache dir deshalb in einem ersten Schritt klar, ob es sich um Angst oder um Furcht handelt. Wenn du feststellst, dass das, wovor dein Kind Angst hat, etwas sehr Unwahrscheinliches ist, ist es wichtig, dass du die Angst zum Thema machst und dein Kind unterstützt, wie es sich schrittweise der Angst stellen kann (siehe Kapitel 5).

Sind die Angstsymptome jedoch Folge einer real bedrohlichen Situation, dann gilt es, sich mit dieser Situation auseinanderzusetzen und zu prüfen, ob sich an der Situation etwas ändern lässt, wie beispielsweise an der Mobbingsituation von Emma.

Was aber, wenn sich die Situation, vor der sich das Kind fürchtet, nicht verändern lässt? Ein Beispiel wäre die Angst vor einer notwendigen Operation, die aus medizinischen Gründen unumgänglich ist. In solchen Fällen, in denen sich das Kind vor einer tatsächlichen Bedrohung fürchtet, die nicht abgewendet werden kann – was können Eltern dann tun?

Das Wichtigste ist, dass du für dein Kind da bist und ihr euch gemeinsam mit der furchtauslösenden Situation beschäftigt. Wenn dein Kind sich nicht allein fühlt und es sich in seinen Befürchtungen verstanden erlebt, kann es bereits wesentlich leichter damit umgehen. Zeige Verständnis für die Sorgen deines Kindes und ermögliche ihm, offen darüber zu sprechen. Eine empathische Kommunikation kann dem Kind das Gefühl geben, gehört und unterstützt zu werden. Erkläre deinem Kind altersgerecht und verständlich die Fakten über die Situation. Es gilt grundsätzlich: Je mehr wir über etwas wissen, desto besser können Unsicherheiten minimiert werden, und es kann ein subjektives Gefühl von Kontrolle entstehen.

Überlege gemeinsam mit deinem Kind, was ihm helfen könnte, mit seiner Furcht umzugehen, wenn sich der Furchtauslöser nicht verändern lässt. Nehmen wir als Beispiel die anstehende Operation: Welches Kuscheltier ist das wichtigste in dieser Situation? Wie wird das Ganze ablaufen? Wer ist da, wenn das Kind in den Operationssaal gefahren wird? Wer wird da sein, wenn es aus der Narkose aufwacht? Will es danach Besuch von Freunden bekommen oder will es seine Ruhe haben? Je mehr sich das Kind bereits im Vorfeld mit dem ganzen Ablauf beschäftigt und je besser es weiß, wie alles ablaufen wird, umso mehr wird es ein Gefühl von Kontrolle entwickeln. Ein subjektives Kontrollgefühl wiederum reduziert die Angstsymptomatik.

Für einen kompetenten Umgang mit Furcht spielen drei entscheidende Faktoren eine Rolle. Neben den bereits genannten Elementen Information und Kommunikation ist auch ein unterstützendes Netzwerk von Bedeutung. Jeder Mensch bewältigt herausfordernde Situationen unterschiedlich, und dies kann für dich und dein Kind von unschätzbarem Wert sein. Wenn du selbst bemerkst, dass es dir gerade schwerfällt, deinem Kind die nötige Sicherheit zu vermitteln, ist das völlig in Ordnung und es ist wichtig, sich dies selbst zugestehen zu können. In solchen Momenten kann es hilfreich sein, dass dein Partner oder deine Partnerin die Hauptansprechperson für das furchtauslösende Thema wird. Möglicherweise ist er oder sie in der aktuellen Situation stabiler und kann mehr Sicherheit vermitteln – und das ist es, was dein Kind gerade braucht.

Manchmal gehören auch Personen außerhalb der Familie zu diesem unterstützenden Netzwerk.

Bei Emma war dies ihre Lehrerin, die einschritt, nachdem Emma es endlich schaffte, mit ihren Eltern über die Bedrohungssituation auf dem Schulhof zu sprechen. Die Lehrerin setzte dem Mobbing ein Ende. Zusätzlich wurde die Schulpsychologin hinzugezogen, damit Emma Schutz und Sicherheit an ihrer neuen Schule erleben konnte.

Die Veränderung bei Emma wurde erst möglich, als ihre Eltern erkannten, dass auch bei der neuen Angstsituation ihrer Tochter ein genaues Hinschauen erforderlich war. Der erste Schritt für einen unterstützenden Umgang mit Kinderängsten besteht darin, zwischen Angst und Furcht zu unterscheiden. Diese Unterscheidung erleichtert es erheblich, von Anfang an für das eigene Kind da zu sein und eine hilfreiche und unterstützende Haltung zu haben.

4 Angststörungen

Laut wissenschaftlichen Untersuchungen treten psychische Erkrankungen bei Kindern und Jugendlichen genauso häufig auf wie bei Erwachsenen. Die Prävalenz, also die Häufigkeit von Angststörungen, beträgt ca. 10,4 %. Das heißt, jedes zehnte Kind leidet an einer Angststörung. Diese psychische Erkrankung tritt selbst im internationalen Vergleich häufiger auf als andere psychische Erkrankungen wie Depression oder hyperkinetische Störungen.

Um festzustellen, ob eine Angst, die du bei deinem Kind beobachtest, tatsächlich die Kriterien einer Angststörung erfüllt, bedarf es einer Diagnostik durch den Kinder- und Jugendpsychiater. Anhand von bestimmten Kriterien stellt die Ärztin/der Arzt fest, ob eine entsprechende Diagnose vorliegt. Unbewusste Ängste sind, wie wir gesehen haben, in der Entwicklung immer vorhanden. Außerdem spielen unbewusste Ängste auch bei allen psychischen und psychosomatischen Erkrankungen eine Rolle.

Im folgenden Kapitel geht es um häufige Angst-Diagnosen im Kindes- und Jugendalter. Ich nenne bei allen beschriebenen Ängsten auch die von den Ärzten vergebene ICD-Diagnose und jeweilige mögliche innerpsychische Hintergründe der Erkrankung. ICD steht für International Classification of Diseases und stellt ein weltweit anerkanntes Klassifikationssystem für medizinische Diagnosen dar.

Laura hatte auf Mamas Schreibtisch einen Brief entdeckt. Es war ein Brief von dem Arzt, bei dem sie beide vor kurzem

waren und der Laura Fragen gestellt hatte. Außerdem hatte sie dort einen „Quizkoffer" mit vielen verschiedenen Aufgaben bearbeiten müssen. Das hatte sogar Spaß gemacht, obwohl Laura sehr aufgeregt war und die ganze Zeit zurück zu Mama ins Wartezimmer wollte.
Und jetzt lag ein Brief von diesem Arzt auf Mamas Tisch. Ob da wohl was über Laura drinstehen würde? Mama hatte den Brief geöffnet und einfach liegen gelassen. Da würde es doch nicht auffallen, wenn Laura mal kurz schaute, was der Arzt da schrieb.
Aber Laura kam nicht weit beim Lesen, das war alles viel zu kompliziert geschrieben. Konnten sich Ärzte nicht etwas einfacher ausdrücken? Aber ein Wort blieb ihr in Erinnerung: Störung. Der Arzt hatte geschrieben „Laura leidet unter einer emotionalen Störung des Kindesalters mit Trennungsangst". War sie etwa doch gestört?
Ein Kind in der Klasse hatte mal zu ihr gesagt: „Du bist doch total gestört." Und jetzt schrieb der Arzt auch von einer Störung.
Zu Frau Keller hatte Laura schon großes Vertrauen entwickelt und so „beichtete" sie ihr, dass sie in dem Brief gelesen hatte, obwohl ihr Mama immer verbot, ihre Briefe zu lesen. Laura erzählte von ihrer Sorge, sie sei eventuell doch gestört.

Angststörung, ein schwieriges Wort für etwas, das innerpsychisch aus absolut sinnvollen Gründen entstanden ist. Dennoch bezeichnet das Wort „Störung" die Krankheitswertigkeit der Angst. Ängste kann es in jeder Lebensphase geben, ohne dass diese sich zu einer Angsterkrankung entwickeln müssen. Von einer Störung spricht man dann, wenn das Ausmaß der Angst größer ist als alterstypische Ängste und die Entwicklung des Kindes dadurch tatsächlich „gestört" bzw. blockiert wird.

Trennungsängste

Vom Arzt vergebene ICD-Diagnose:
F93.0 Emotionale Störung mit Trennungsangst des Kindesalters.

> Die 4-jährige Sophie geht an der Hand ihrer Mama. „Komm schon, geh mal etwas schneller. Mama muss zur Arbeit." Ungeduldig zerrt Sophies Mutter an ihrer Hand. Sophie trödelt und bleibt bei jedem Käfer und jeder Ameise auf dem Gehweg stehen. Endlich betreten beide den Kindergarten. Sophie wird furchtbar traurig und will gar nicht recht ihre Hausschuhe anziehen. Sophies Mutter sieht ungeduldig auf ihre Uhr. „Warte mal, ich helfe dir." In der Hoffnung, dass es schneller geht, wenn sie selbst ihrer Tochter die Hausschuhe anzieht, bückt sie sich und nimmt die Hausschuhe. Doch das passt Sophie erst recht nicht. Sie bekommt einen Wutanfall und sagt zu ihrer Mama, dass sie die Schuhe selbst anziehen will. Widerstrebend gibt Mama ihr die Schuhe zurück. Doch Sophie verwechselt links und rechts und Mama muss letztlich doch helfen. Sophie beginnt herzzerreißend zu weinen, sodass auch die anderen Mütter, die gerade mit ihren Kindern angekommen sind, sich zu Sophie umdrehen und diese bedauernd ansehen. Wiederum zehn Minuten später stehen Mama und Sophie endlich in der Sternengruppe und Sophie wird von ihrer Erzieherin begrüßt. Doch Sophie wendet sich ab und klammert sich an Mamas Bein. Sie will nicht dableiben.

Die beschriebenen Trennungsängste können – wie bei Laura – ein Ausmaß erreichen, das tatsächlich die Entwicklung beeinträchtigt. Die Schwierigkeiten, die Schule zu besuchen, sind bei Laura Kennzeichen dieser übersteigerten Trennungsängste.

Manchmal zeigt sich Trennungsangst eher durch ihre somatischen Begleiterscheinungen. Übelkeit, Erbrechen, Kopfschmerzen oder Bauchschmerzen sind häufige somatische Begleiter der Angst. Stehen diese bei deinem Kind im Vordergrund, ohne dass organische Ursachen vorliegen, dann kannst du davon ausgehen, dass die Beschwerden körperliche Korrelate einer psychischen Problematik sind. Sie helfen genauso wie die eigentliche Angst, Trennung von dir als Mutter oder Vater zu vermeiden. Es entsteht ein Krankheitsgewinn, da durch die Angst oder ihre somatischen Begleiter die Nähe zu dir wieder möglich wird. Die körperlichen Schmerzen oder die Übelkeit helfen, dass du dein Kind eben nicht in die Schule schickst und die damit zusammenhängende Trennung vermieden wird.

Die zugrunde liegenden Ursachen wurden bereits ausführlich beschrieben. Trennungsangst ist eine sehr ursprüngliche Angst. Bei ausgeprägten Trennungsängsten ist zu vermuten, dass das Kind noch keine reife Vorstellung entwickelt hat, dass ihm die Eltern erhalten bleiben, selbst wenn es gerade von ihnen getrennt ist. Es ist, als ob sich das Kind der ständigen Gegenwart der Eltern versichern muss.

In einer etwas weniger ausgeprägten Form zeigt sich diese Angst nicht mehr als Angst vor dem Getrenntsein, sondern als Angst vor Liebesverlust. Das Kind, das die Eltern beharrlich fragt: „Liebst du mich noch?“, ist sich zwar innerpsychisch sicher, dass die Eltern ihm erhalten bleiben, aber ist sich deren Liebe nicht sicher.

Unbewusst sind beide Ängste hoch bedrohlich. *Ohne die Nähe zur Mama, ohne die Nähe zu Papa, bin ich nicht überlebensfähig.*

Ohne die Liebe der Eltern kann ich nicht als starkes Mädchen/als starker Junge ins Leben starten. Ich fühle mich nicht liebenswert und selbstbewusst genug.

Die sogenannte emotionale Störung mit Trennungsangst wird zu einem innerpsychisch sinnvollen Versuch, die Nähe zu den Eltern oder zumindest die Bestätigung, geliebt zu werden, zu bewirken.

Wenn das von der Trennung innerlich bedrohte Kind diese Trennung vermeidet und sich an Mamas Bein klammert oder, wenn es älter ist, psychosomatische Beschwerden entwickelt, um nicht in die Schule gehen zu müssen, dann hat es aus seiner unbewussten Perspektive heraus nichts anderes gemacht, als für sein weiteres Überleben zu sorgen. Die Möglichkeit, überlebensfähig zu bleiben, ist schließlich bedeutend wichtiger als der Kindergartenbesuch oder der Besuch der Schule.

In dieser Form kannst du dir den inneren unbewussten Ablauf vorstellen, falls dein Kind unter ausgeprägten Trennungsängsten leidet. Wenn du einen Weg finden möchtest, der aus dieser Schwierigkeit herausführt, ist der erste Schritt, sich vor Augen zu führen, in welchem Dilemma dein Kind steckt:

Aus Sicht des ängstlichen Kindes verlangt die Außenwelt (die Schule, der Kindergarten, die Eltern etc.), dass es sich einem Risiko aussetzt, wobei es gegen seine eigene unbewusste Intuition handelt. Deshalb hilft hier das gute Zureden bei ausgeprägten Störungen oft nicht mehr, da die Logik für unser unbewusstes Handeln deutlich weniger wichtig ist als das Gefühl. Alle Logik und alles gute Zureden helfen nur wenig, wenn durch die Trennung unsere tiefsten Gefühle in Aufruhr geraten. Die Trennungsangst soll etwas subjektiv absolut Sinnvolles schaffen: Sie soll die Trennung von der wichtigsten Bezugsperson verhindern.

Der Blick ins psychische Innenleben zeigt, dass die Kinder, die noch kein konstantes und gutes inneres Bild einer hilfreichen Eltern-Kind-Beziehung verinnerlichen konnten, häufiger mit Trennungsängsten reagieren. Erst wenn innerlich ein konstantes Bild einer haltenden Beziehung zu den Eltern entwickelt werden konnte, werden Trennungsängste überflüssig, denn erst dann gibt es ja die stabil verinnerlichte Erfahrung einer guten und wertvollen Beziehung, die in schwierigen Lebensphasen wiederaufleben kann.

Dein Kind muss die Trennung weniger fürchten, wenn es innerlich weiß, dass es sich auf die Beziehung zu euch Eltern verlassen kann, egal wie schwierig es außerhalb der Familie gerade ist.

Soziale Ängste

Vom Arzt vergebene ICD-Diagnose:
F93.2 Störung mit sozialer Ängstlichkeit des Kindesalters.

Auch soziale Ängste sind im Grunde Trennungsängste. Betont wird in der Symptomatik des Kindes jedoch nicht die als bedrohlich empfundene Trennung, sondern die Angst vor den anderen, den unvertrauten Personen. Das Neue und Unbekannte in den anderen Menschen weckt Gefühle von Fremdheit und fehlender Zugehörigkeit. Ein Rückzug in die eigene Familie und das Vermeiden von Kontakten außerhalb wird bei der Vergabe einer Diagnose als Störung mit sozialer Ängstlichkeit bezeichnet. Die betroffenen Kinder zeigen sich in Begegnungen mit anderen Menschen anhaltend ängstlich. Diese Differenzierung zwischen Trennungsangst und sozialer Angst ist innerpsychisch häufig überflüssig, da beides miteinander verbunden ist. Auch wenn nach außen hin der Fokus auf der sozialen Angst liegt, ist innerpsychisch der Verlust der vertrauten Personen, die Trennung von den Bezugspersonen das Problematische.

Eigene Abwehrmechanismen verhindern jedoch, dass diese Trennungsangst in vollem Umfang wahrgenommen wird. Stattdessen wird das „Gefährliche" im Umgang mit anderen betont. Der innere Scheinwerfer wird beispielsweise auf die Gleichaltrigen gelenkt, die gemein sein können, ausschließen, oder sogar „mobben". Die eigene Psyche gestaltet so eine Spaltung zwischen Gut und Böse: Die Familienmitglieder sind das personifizierte Gute. Unerwünschte Selbstanteile projiziert das Kind auf andere. Statt den Wünschen nachzugeben, sich von der eigenen Familie abzugrenzen, das Geschwisterchen in der Eifersucht auch mal aggressiv zu behandeln oder wütend auf Mama zu werden, werden diese innerlich als „böse" bezeichneten Selbstanteile in die Umwelt verlagert. Die anderen sind es, die als böse und gemein wahrgenommen werden.

Die Psyche und das eigene Gewissen werden so entlastet. Alles, was innerlich unerwünscht ist oder auch als Tabu in der Familie existiert, wird so ferngehalten.

Hier steckt innerpsychisch der Sinn sozialer Ängste. Das Gefährliche und Bedrohliche (die unerwünschte Aggression) findet nicht in den eigenen vier Wänden statt, sondern kann unterdrückt werden.

Der Nachteil dieser raffinierten Form, eigene Selbstanteile auszublenden: Die Außenwelt wird bedrohlich. In der Folge entstehen soziale Ängste, die das Leben stark einschränken können.

Falls dein Kind von sozialen Ängsten betroffen ist, stehst du vor der schwierigen Aufgabe, zunächst zu überprüfen, ob es reale Gründe für die Ängste gibt.

Manchmal sind Dynamiken in Gruppen tatsächlich ausschließend. Manchmal erleben Kinder tatsächlich dauernde Beschimpfungen und Abwertungen. Dann sprechen wir nicht von einer Störung mit sozialer Ängstlichkeit, sondern es gilt, die entsprechenden Ursachen an der Wurzel zu packen.

Soziale Ängste liegen dann vor, wenn entweder die wahrgenommene Aggression der anderen real nicht in dem befürchteten Ausmaß existiert oder dein Kind aus unklaren Gründen Angst vor sozialen Kontakten entwickelt hat, ohne sagen zu können, was ihm genau Angst macht.

Häufig mischen sich im Alltag Trennungsangst und soziale Angst. Wer Angst vor dem Fremdartigen im anderen hat, wird sich wohler fühlen, wenn er in der vertrauten Umgebung und Familie bleibt. Die tägliche Trennung durch den Besuch von Schule oder Kindergarten wird dann schwierig, wenn sich dein Kind fürchtet, dass es ihm bei den Gleichaltrigen nicht gut gehen wird, da diese gemein sein könnten.

Gerade bei Jugendlichen spielen neben diesen Gefühlen der Angst und des Unwohlseins auch viele Selbstzweifel und Gedanken über soziale Begegnungen eine Rolle: Wie soll ich mich verhalten? Wie verhalten sich die anderen? Ich bin anders als andere? Was denken die anderen über mich? In welcher Rolle kennen mich die anderen? Was ist, wenn anderen auch bislang nicht gezeigte Seiten von mir auffallen?

Hinter diesen Gedankenketten verbirgt sich nicht selten eine soziale Angst. Je mehr den Betroffenen soziale Begegnungen trotz der eigenen Angst ermöglicht werden, umso besser. Je mehr Kontakte trotzdem möglich sind und Erfahrungen gesammelt werden, dass diese „überlebt" werden können und „gar nicht so schlimm" waren, desto besser und schneller kann die eigene Angst überwunden werden. Je ausgeprägter die Angst, desto mehr wird die eigene Wahrnehmung jedoch trotz vorhandener Kontakte das Negative im Kontakt fokussieren. Viele soziale Kontakte zu haben kann helfen, leichte Ängste zu überwinden. Ausgeprägte Ängste werden trotzdem hartnäckig anhalten, da die Psyche der Betroffenen für eine entsprechend negativ gefärbte Wahrnehmung der sozialen Kontakte sorgt. Manchmal mischt sich dann zu den sozialen Ängsten auch ein depressiver Rückzug.

In dieser Konstellation wird dann häufig ärztlicherseits die Diagnose „depressive Episode" vergeben. Hinter vielen Depressionen stecken soziale Ängste. Der depressive Rückzug ist von der eigenen Psyche wiederum als „Lösungsversuch" gedacht: „Wenn ich mich zurückziehe und nicht mehr unter Leute gehe, muss ich keine Angst mehr haben und nichts Bedrohliches mehr wahrnehmen und empfinden." Auch hier gilt: Je länger der depressive Rückzug anhält, desto schwieriger ist die Psyche davon zu überzeugen, dass soziale Kontakte gar nicht so bedrohlich sind und sogar wertvoll sein können.

Phobien

Vom Arzt vergebene ICD-Diagnose:
F93.1 Phobische Störung des Kindesalters.

Hierunter fallen diverse eng umschriebene Ängste, wie beispielsweise die Agoraphobie, die Angst vor öffentlichen Orten mit vielen Menschen wie Kaufhaus oder Kino. Andere bekannte Phobien sind Ängste vor bestimmten Tieren wie Spinnen oder Schlangen, Ängste vor Blut oder Spritzen, Ängste vor Gewitter oder vor lautem Knall (Luftballons) etc.

Es gibt viele unterschiedliche Phobien, die sich alle dadurch ähneln, dass das betroffene Kind unmittelbar auf die Wahrnehmung des phobischen Reizes eine Angstreaktion zeigt.

Selten existieren diese Phobien als isolierte Symptomatik; häufiger erlebe ich Phobien in den Therapien zusätzlich zu anderen Angststörungen.

Der innerpsychische Hintergrund von Phobien entspringt der wundersamen Trickkiste unserer Psyche: Sie muss auch mit schwer aushaltbaren Gefühlen zurechtkommen. Also braucht die Psyche eine Strategie im Umgang mit diesen scheinbar unerträglichen Gefühlen. Hinter Phobien verstecken sich in der Regel Ängste, die unkontrollierbar werden könnten. Also verschiebt die Psyche diese Ängste auf einen Gegenstand, eine Situation oder einen Ort, der tatsächlich vermieden werden kann.

Wir können versuchen, Spinnen oder Schlangen zu meiden. Die Angst, im Leben allein dazustehen, weil mich andere nicht mögen oder weil mir meine wichtigsten Bezugspersonen verloren gehen könnten, ist viel schwieriger auszuhalten. Also verschiebt die Psyche bei der Spinnenphobie beispielsweise eine zugrunde liegende Trennungsangst auf etwas völlig anderes, eigentlich harmloses, nämlich auf Spinnen. Das Gefühl der Angst ist also nicht gänzlich unterdrückt, sondern taucht immer wieder auf, sobald uns eine Spinne begegnet; mit Trennungen können wir aber durch diesen Trick der Psyche vermeintlich unbelasteter umgehen. Genial, oder?

Naja, zugegebenermaßen entpuppen sich ausgeprägte Phobien als fauler Kompromiss. Das Objekt der Angst ist zwar verschoben, aber wenn diese Angst in der Phobie sehr ausgeprägt ist, dann schränkt sie uns doch stark ein. Spinnen könnten schließlich überall auf der Straße, auf dem Schulweg und in der Schule auftauchen. Zu Hause ist das eigene Zimmer ein Ort, den man versuchen kann, spinnenfrei zu halten oder man kann sich notfalls zu den eigenen Eltern flüchten. Aber dann ist es wegen der Angst doch wieder sinnvoll, sich eben nicht zu trennen und zu Hause zu bleiben – womit wir wieder bei der ursprünglichen Angst landen.

Phobien sind psychoanalytisch betrachtet verschobene Ängste und es gilt herauszufinden, welches die ursprüngliche Angst ist. Die Spinne, die Schlange, die Menschenmengen, die lauten Geräusche etc. sind nur innere Platzhalter für eine andere, ursprünglichere Angst. Wenn diese Angst verstanden wird, kann sich die Phobie auch ändern.

Sollte die zugrunde liegende Angst so abgewehrt sein, dass es keine Idee gibt, was dahinterstecken kann, ist eine Psychotherapie sicherlich sinnvoll. Sollte die Abwehr nicht ganz so rigide sein und es zumindest Vermutungen über zugrunde liegende Ängste geben, ist es wichtig, diese entsprechend anzugehen.

Es gilt, dass grundsätzlich die Konfrontation mit dem Angstauslöser wichtig ist, um mit der Angst besser umgehen zu lernen. Ich werde im folgenden Kapitel noch genauer beschreiben, was du als Mutter oder Vater tun kannst.

Panik

Vom Arzt vergebene ICD-Diagnose:
F41.0 Panikstörung.

Panik beschreibt Gefühlszustände, in denen die Betroffenen von Angst regelrecht überflutet werden. Es handelt sich hier nicht mehr nur um Ängste, die zu Rückzug oder Anklammern oder leichten somatischen Begleiterscheinungen führen, sondern um einen plötzlichen massiven Anstieg von Angst, häufig verbunden mit somatischen Reaktionen (Herzrasen, Erbrechen, Zittern, Schweißausbrüche, Schwindel, Schwäche o. Ä.).

Manchmal spielen im Hintergrund traumatische Erlebnisse eine Rolle, auch kann es sich um massiv gesteigerte Ängste aufgrund innerer Konflikte handeln, wie du sie bereits in den vorherigen Kapiteln kennengelernt hast.

Betroffen sind überwiegend Jugendliche (ab der Pubertät), selten Kinder.

In der Panik existiert oft keine Angst vor einem bestimmten Objekt oder einer bestimmten Situation, sondern eine allgemeinere, für die Betroffenen schwer benennbare Angst. Bei wiederholten Panikanfällen spricht man von einer panischen Angst.

Panik gehört in der Psychoanalyse zur „namenlosen Angst", die sehr früh in der Kindheit ihre Wurzeln hat. Situationen, die das Kleinkind völlig überforderten, weil beispielsweise in kritischen Situationen eine Bezugsperson ausfiel, können der Beginn dieser frühen „namenlosen Angst" sein. Innerpsychisch wird hier Angst von den Betroffenen nicht mehr als Signal betrachtet, auf das entsprechend reagiert werden kann, sondern diese Form der Angst ist völlig überwältigend.

Was heißt in diesem Zusammenhang, dass eine Bezugsperson „ausfiel"?

Dies kann mehrere Ursachen haben: Manchmal spielen frühe Trennungen oder Todesfälle in der Familie eine Rolle; manchmal verhinderte eine Depression eines Elternteils, dass dieser mit dem Kind empathisch umgehen und dessen frühe Ängste mindern konnte. Ein Kind, das in den ersten Lebensmonaten nicht in seinen frühen Ängsten reguliert werden kann, entwickelt selbst natürlich auch weniger Fähigkeiten, mit Ängsten umzugehen. Dieses Muster bleibt dann in späteren Lebensphasen bestehen und vermeintlich harmlose Situationen können zu einer regelrechten Überflutung mit Angstgefühlen führen.

Kinder und Jugendliche mit Panikstörung benötigen dringend eine Psychotherapie.

Solltest du feststellen, dass dein Kind möglicherweise an einer Panikstörung leidet, ist es deine wichtigste Aufgabe, dich nach einem passenden Kinder- und Jugendpsychiater oder Psychotherapeuten umzusehen.

5 Was kannst du für dein Kind tun?

Ich kann mein Kind doch nicht leiden lassen – welches Elternverhalten hilft bei Angst?

Angst neigt dazu, nicht bei den Betroffenen zu bleiben, sondern bezieht ihr Umfeld mit ein. Wenn dein Kind unter Ängsten leidet, wird es dich brauchen. Ängstliche Kinder suchen nach Beruhigung, nach Schutz, nach Geborgenheit. Sie suchen Verständnis für ihre Angst und Halt in den Armen ihrer Bezugspersonen. Ängstliche Kinder suchen nach Erwachsenen, die ihnen die Angst sogleich wegnehmen –aber damit auch die Angstproblematik am Leben erhalten.

Es ist leider tatsächlich so, dass bestimmte elterliche Verhaltensweisen Ängste eher fördern statt mindern. Die Professoren Fritz Mattejat und Michael Schulte-Markwort betonen, dass insbesondere ängstliche und überbehütende Eltern Ängste bei ihren Kindern induzieren. Eltern, die selbst lebensunsicher und in ihrem Erziehungsverhalten inkonsequent sind oder (heimlich) ablehnende und feindselige Einstellungen gegenüber ihrem Kind hegen, tragen damit eher zu einer Festigung kindlicher Ängste bei.

Bei kindlichen Ängsten sind die Eltern automatisch mit einbezogen. Die Ängste wirken sich nicht allein auf das Kind aus, sondern auch auf die Eltern. Den Eltern fällt im Umgang mit den Ängsten ihres Kindes entsprechend eine große Verantwortung zu. Ein Kind, das unter Ängsten leidet, flüchtet sich zu den Eltern und erhofft sich dort Schutz und Unterstützung.

Wenn wir Eltern erleben, wie sehr unsere Kinder sich vor manchen Situationen fürchten, neigen wir verständlicherweise dazu, ihnen diese Ängste ersparen zu wollen. Genau das ist jedoch der falsche Weg. Wenn das Kind erlebt, dass es wegen seiner Schulangst von der Schule zu Hause bleiben darf, wenn es erlebt, dass die Mama mit ihm den Spielplatz verlässt, weil es Angst vor den anderen Kindern bekommt oder wenn das Kind bei jeder Angst vor den „Monstern" im nächtlichen Kinderzimmer im Bett der Eltern schlafen darf, erfährt es in den Handlungen der Eltern eine Bestätigung seiner Angst. Es schlussfolgert aus den vermeidenden Handlungen der Eltern, dass die kindliche Angst ja dann wohl ihre Berechtigung hat. Wenn Papa mich jetzt von der Schule befreit, dann gibt es vermutlich wirklich etwas, vor dem ich mich fürchten muss. Eltern, die ihre Kinder immer wieder vor Angstsituationen schützen, verwehren den Kindern den Zugang zu eigenen Kompetenzen und Fähigkeiten, mit der Angst klarzukommen. Wer es zu vermeiden sucht, die Kinder mit der Angst zu konfrontieren, trägt zur Verfestigung der Angst bei.

Dabei wissen wir, dass diese Verhaltensweisen ja eigentlich oft aus einem guten Wunsch heraus entstehen. Wenn Eltern sich unsicher sind, ob es dem Kind gut geht, wollen sie ihr Kind natürlich behüten und signalisieren, dass sie es vor den möglichen Gefahren schützen. Die implizite Botschaft für das Kind lautet allerdings: *Es gibt tatsächlich etwas, vor dem du dich fürchten musst und deshalb schütze ich dich.*

Eine weitere Botschaft, die Kinder unbewusst heraushören, selbst wenn es so nicht wirklich formuliert wurde, lautet: *Mama schützt mich, weil sie mir nicht zutraut, mit der Situation tatsächlich umgehen zu können. Ich bin vermutlich wirklich unfähig.*

Genauso problematisch verhält es sich, wenn Kinder erleben, dass sie einseitig „der Angst ausgesetzt" werden. „Stell dich nicht so an“, hilft dem Kind nicht wirklich weiter. Auch in dieser elterlichen Haltung erlebt es sich als inkompetent und unfähig.

Nun, wenn also die Versuche, das Kind vor den Angstauslösern zu schützen, nicht der richtige Weg sein können und es umgekehrt genauso wenig hilfreich ist, die Angst abzutun, was braucht es dann?

Welche elterlichen Verhaltensweisen haben sich wirklich als zielführend erwiesen?

Was kann dir konkret weiterhelfen?

Laura war seit kurzem immer häufiger enttäuscht von ihrer Mama. Früher war alles besser. Da ließ Mama sie auch mal von der Schule daheim, wenn es ihr schlecht ging. Zumindest konnte Laura sich darauf verlassen, dass Mama sie dann abholte, wenn Laura in der Schule Bauchweh bekam. Aber seit sie bei dieser Frau Keller waren, war Mama irgendwie ganz anders. Mama schickte Laura jetzt wirklich jeden Tag in die Schule, egal wie schlecht es ihr ging. Und sie hatte sogar mit der Lehrerin über Laura gesprochen, sodass Laura jetzt sogar dann in der Schule bleiben musste, wenn wirklich der ganze Bauch schmerzte. Es war nur noch furchtbar. Diese blöde Frau Keller. Eigentlich war sie ja ganz nett. Aber anscheinend hatte die ernsthaft mit Mama darüber gesprochen, dass sie ab jetzt immer in die Schule musste. Laura fand das gemein. Sie wollte schon gar nicht mehr zu Frau Keller. Einmal war Laura sogar bei Frau Keller rausgerutscht, dass sie eine „gemeine Kuh" ist. Das war vor den Sommerferien. Erst spricht diese Therapeutin mit ihrer Mama, dass sie immer in die Schule gehen soll und dann ist sie selbst einfach für sechs Wochen weg. Das geht doch nicht. Erst schmeißt diese Kuh ihr ganzes Leben durcheinander und dann verschwindet sie einfach für ein paar

Wochen. Am liebsten hätte sie die Spielsachen auch gar nicht mehr aufgeräumt. Soll die das doch selbst machen, wenn sie jetzt sechs Wochen frei hat. Da hat sie doch genügend Zeit, diese doofen Spiele wieder aufzuräumen.

Was passiert hier? Und warum hat die Therapeutin Lauras Mutter geraten, Laura trotz ihrer Ängste in die Schule zu schicken?

Was brauchen Kinder mit Ängsten von ihren Eltern?

Im Folgenden stelle ich dir einen möglichen Weg vor, als Familie mit den Ängsten des Kindes umzugehen.

Es ist ein Weg, der im Wesentlichen auf vier konkreten Prinzipien basiert. Ich spreche von Prinzipien, nicht von Handlungsanleitungen, denn es handelt sich eher um innere Haltungen, die zur Veränderung führen. Veränderung passiert immer zuerst im Inneren. Es braucht dich als Mutter, dich als Vater, nicht bestimmte „Werkzeuge“. Konkrete Handlungen in der Erziehung sind meist wirkungslos, wenn sie nicht aus einer bestimmten, dahinterliegenden Einstellung heraus passieren. Erst wenn du innerlich davon überzeugt bist, diesen Weg gehen zu wollen, können konkrete Maßnahmen zu entsprechenden Veränderungen führen.

Die zwei Schritte zur Veränderung

Erfassen der Ist-Situation

Am Beginn jeder Veränderung steht das unerschrockene Erfassen der momentanen Situation. Es hilft eben nicht, immer wieder wegzusehen und Schwierigkeiten des Kindes auszublenden. Morgen ist wieder ein neuer Tag, irgendwann wächst es sich schon aus, bei ihr ist einfach der Groschen noch nicht gefallen, die Nachbarin hat dasselbe Problem, vielleicht ist doch alles nur ganz normal – all diese Selbstberuhigungen sind nicht zielführend, wenn es darum geht, Veränderungen anzupacken. Wenn du dein Kind oder dein jugendliches Kind beim besseren Umgang mit den eigenen Ängsten begleiten willst, ist es entscheidend, dass du dir überlegst, was du an deinem Verhalten ändern kannst. Wie bereits bisher deutlich wurde, stecken hinter den bewusst gezeigten Ängsten oft tieferliegende unbewusste Ängste, denen du auf den Grund gehen solltest.

In einem ersten Schritt gibt es viele Fragen zu klären und du solltest dir vor Augen führen, wie es deinem Kind tatsächlich geht. Es kann durchaus sinnvoll sein, sich die Fragen schriftlich zu beantworten. Manchmal fallen so Muster besser auf, die man vorher noch nicht bemerkt hat.

- Seit wann hat dein Kind seine Ängste? Was war damals im Leben deines Kindes?
- Treten die Ängste täglich/wöchentlich/seltener auf?
- Treten die Ängste in bestimmten Situationen auf (vor Prüfungen? vor Veränderungen? nach den Schulferien? etc.)?
- Was mindert die Angst momentan?
- Tritt die Angst oft im Umgang mit bestimmten Personen auf?
- Welche Angst zeigt/berichtet dein Kind nach außen hin?
- Welche Vermutungen könnte es über dahinterliegende unbewusste Ängste geben?
- Warum hat dein Kind gerade diese Angst entwickelt?
- Was erreicht dein Kind damit bei dir und anderen Menschen?
- Wie wirkt sich diese Angst auf das Leben deines Kindes aus?
- Wie wirkt sich diese Angst auf dein Leben aus?
- Was wird in 2, in 5, in 10 Jahren sein, falls dein Kind seine Angst nicht überwindet?

- Gab es bereits Zeiten, in denen die Angst weniger ausgeprägt war? Was war da anders? Warum war es anders?
- Warum tauchen die Ängste vor den Spinnen hauptsächlich zu Hause auf, bei Oma und Opa aber überhaupt nicht, obwohl es dort doch viel mehr Spinnen gibt?
- Warum tauchen die sozialen Ängste im Urlaub überhaupt nicht auf und mein Sohn schafft es problemlos, sich mit anderen zu unterhalten, während er zu Hause nicht mehr vor die Tür geht?

Dies sind Beispiele von Mustern, die erst dann klar werden, wenn eine ausführliche Analyse der gegenwärtigen Situation stattgefunden hat. Viele neigen dazu, gerade diesen ersten Schritt zu überspringen und vergeben sich so eine Chance, mehr zu verstehen. Je klarer wir als Eltern es uns vor Augen halten, was in unserem Kind abläuft, desto leichter fällt es uns, nicht mehr nur aus dem Moment heraus zu reagieren, sondern hilfreich und bestimmt mit den Ängsten des Kindes umzugehen.

Je klarer wir ein Gesamtbild der Angst und seiner möglichen Ursachen und Gründe bekommen, desto sicherer können wir uns selbst fühlen und einen konsequenteren Umgang mit der Angst finden.

Genau dann sind wir eben nicht mehr unsicher und inkonsequent, sondern können tatsächlich beginnen, das eigene Kind zu befähigen, mit der Angst umzugehen.

Sich der eigentlichen Angst stellen

Das Unbewusste ist immer unbewusst.

Was bedeutet das? Wir können darauf erst einmal nicht zugreifen. Wir können anfangs nur vermuten oder ahnen oder raten. Aber dann können wir handeln. Wenn wir eine konkrete Vermutung haben, können wir überprüfen, ob sich etwas ändert, wenn wir dieser Vermutung nachgehen.

Lauras Mutter Patricia hat durch die Gespräche mit Frau Keller verstanden, dass es bei Lauras Ängsten weniger um die Schule geht, als um die Trennung von ihr. Also forderte sie von ihr die Trennung, um in die Schule zu gehen, als ganz selbstverständliche Pflicht ein, bei der sie davon ausging, dass Laura dieser Aufgabe auch gewachsen war. In der Folge wurde Laura immer wütender auf sie, genauso wie sie auf die Therapeutin wütend wurde. Sie versuchte, sich gegen den Schulbesuch immer mehr zu wehren. Auf der anderen Seite wurde Laura immer anhänglicher. Sie wollte Mama fünfmal, achtmal, zehnmal drücken und ihr sagen, wie sehr sie Mama liebe, als ob sie fürchtete, die eigene Wut könnte ansonsten zwischen Mama und ihr etwas kaputt machen. Lauras Mutter verstand die Trennungsangst als eine Angst, sich der eigenen Entwicklung zu stellen. Nun begann Laura, sich abzugrenzen und wütend auf Mama zu werden, was ihr sofort ein schlechtes Gewissen bereitete. Wie als Wiedergutmachung wiederholte sie insbesondere abends beim zu Bett gehen, dass sie Mama liebe.
Frau Keller meinte, dass Laura wohl Angst habe, ihrer Mutter mit ihrer Wut und ihren Abgrenzungskämpfen Schaden zuzufügen. Jetzt begann Patricia zu begreifen, dass sie bisher die Auseinandersetzungen mit Laura vermieden und immer wieder versucht hatte, ein möglichst harmonisches Mutter-Tochter-Verhältnis zu leben. Oft hatte sie das Gefühl, nicht die Kraft für diese Kämpfe zu haben und gab deshalb lieber nach. Der Tumor, der bei ihr festgestellt worden war und die eigene Angst vor der Zukunft trugen zusätzlich

dazu bei, dass sie die Kraftanstrengung der Auseinandersetzungen mied. In den gemeinsamen Gesprächen mit Frau Keller entwickelte Patricia eine Vorstellung, welche Kraft es sie zukünftig kosten würde, wenn sie nicht jetzt begänne gegenzusteuern. Ihre jetzige Kraftersparnis bedeutete nur noch mehr Aufwand in der Zukunft, wenn sich Laura erst einmal an ihre Angst und die Selbstverständlichkeit, von der Schule zu Hause zu bleiben, gewöhnt hatte.
Außerdem hatte sie beschlossen, Laura von ihrer Tumor-Diagnose zu erzählen und auch von ihren Anstrengungen und denen der Ärzte zu berichten, die Erkrankung zu behandeln, um wieder gesund werden zu können. Dadurch bekam Laura die Gewissheit, dass es Mama tatsächlich nicht gut ging, aber dass diese sich mit ihren Ärzten schon um sich selbst kümmerte und Laura das nicht machen musste. Ihr diffuses Gefühl, Mama könnte krank sein, hatte Klarheit erfahren und zugleich die Sicherheit, dass die Krankheit nichts mit Laura selbst zu tun hatte. Dies bewirkte, dass sie sich tatsächlich wieder mehr unter Gleichaltrige wagen konnte, da sie nun in ihrer Wahrnehmung daheim nicht mehr so gebraucht wurde.
Patricia hatte es geschafft, sich der eigentlichen Angst ihrer Tochter zu stellen: Laura hatte Angst, durch das eigene Sich-Behaupten (und um etwas zu streiten) Mama zu „beschädigen", sie irgendwie krank zu machen. Deshalb konnte Laura sich nicht trennen. Sie hatte Angst vor der eigenen Fähigkeit zur Aggression und erlebte zugleich die Mutter als potenziell krank und ausweichend.
Also war die Angst vor der eigenen Autonomie (vor dem Schulbesuch) sowohl eine gute Möglichkeit, sich vom Einfluss anderer Kinder fernzuhalten als auch eine Chance, bei Mama zu bleiben und auf diese „aufzupassen". Wenn

Mama sich um ihre ängstliche Tochter kümmern musste, hatte sie eine Aufgabe und war nicht mehr so nachdenklich oder traurig wie sonst manchmal.

Patricia hat für sich und Laura einen wichtigen Schritt geschafft: Sie hat gemeinsam mit Frau Keller eine Idee entwickelt, welche Ängste der sichtbaren Schulangst zu Grunde liegen könnten und einen Weg gesucht, damit umzugehen.

Wenn du dich – nachdem du dir die aktuelle Situation gut angeschaut hast – unvoreingenommen mit den möglichen ursächlichen Ängsten beschäftigen möchtest und dich diesen stellst, helfen dir die folgenden vier Prinzipien, einen für dein Kind hilfreichen Umgang mit dessen Angst zu entwickeln.

Die vier Entwicklungsprinzipien

Dein Kind hat sich aus unbewussten Gründen für eine Angst entschieden. Mit dieser Angst will es einen (inneren oder äußeren) Konflikt lösen oder zumindest verschieben. Diese (unbewusste) Entscheidung deines Kindes gilt es zunächst einmal so gut wie möglich zu verstehen, also zu versuchen, die Sichtweise des Kindes einzunehmen.

Aus dieser Haltung heraus kannst du beginnen, deine eigene Einstellung zu verändern. Du kannst deinem Kind nicht die Angst wegnehmen, wenn es sie innerlich noch braucht. Du kannst die Angst deines Kindes nicht mildern, solange die inneren Gründe für die Angst noch da sind.

Aber du kannst beginnen, dich zu verändern, deinen Umgang mit der Angst deines Kindes zu überdenken und neu zu gestalten.

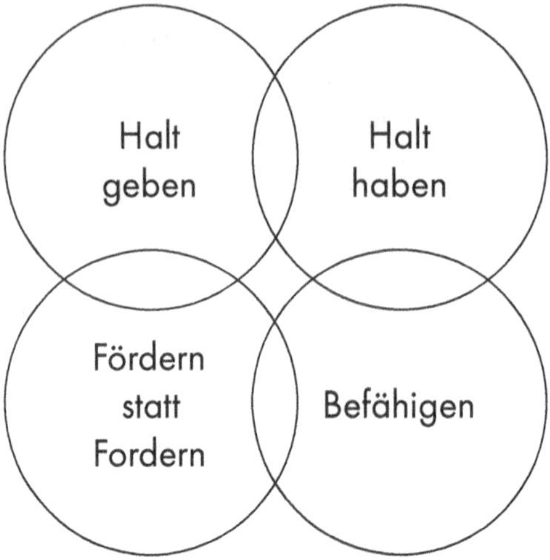

Die vier Entwicklungsprinzipien stehen für innere Haltungen, die es ermöglichen können, die Gründe für die Angst zu minimieren und deinem Kind die Verantwortung für seine Angst zurückzugeben.

Das erste und grundlegende Prinzip **Halt geben** zeigt, wie wichtig es ist, dem Kind nicht die Angst wegzunehmen, sondern ihm Halt zu geben, dass es selbst seine Angst überwinden lernt. Der Halt durch die Eltern soll dem Kind die notwendige Orientierung geben, sich der Angst stellen zu können. Natürlich kann das mal besser, mal schlechter gelingen – je nach der Verfassung der Eltern und des Kindes.

An dieser Stelle wird das zweite Prinzip **Halt haben** wichtig: Je mehr du selbst dafür sorgst, im Leben, in der Familie, im Freundeskreis, in deinem Alltag Halt zu haben, umso leichter kann es dir gelingen, hilfreich und haltgebend für dein Kind da zu sein. Der Blick auf dich und deine eigenen Bedürfnisse hilft deinem Kind, da du mit Präsenz und Kraft an die Aufgabe herangehen kannst.

Fördern statt fordern ist das dritte Prinzip. Anstatt nur einseitig eine Überwindung der Angst vom Kind zu fordern, geht es darum, das ängstliche Kind zu fördern, damit es sich als kompetent und selbstbewusst erleben kann. Dann fühlt es auch die eigene Kraft in sich, sich der Aufgabe Angstüberwindung stellen zu können.

Auf dem Weg, die Angst tatsächlich hinter sich zu lassen, kannst du dein Kind begleiten. Du kannst dazu beitragen, dein Kind zu **befähigen** – das vierte Entwicklungsprinzip. Du kannst nicht anstelle des Kindes den Konflikt lösen. Du kannst auch nicht für dein Kind die Angst erdulden oder sie ihm nehmen. Aber du kannst Begleiter sein und deinem Kind – sofern es dies von dir wünscht – Werkzeuge an die Hand geben, die ihm den Umgang mit der Angst leichter machen.

Diese vier Entwicklungsprinzipien haben große Überschneidungsbereiche und eine Haltung führt zur nächsten. Wenn du selbst als Mutter, als Vater Halt in dir findest, kannst du leichter Halt geben.

Durch das Haltgeben förderst du dein Kind und bietest die Basis für seine Befähigung.

Alles fließt ineinander und keines der Prinzipien ist ohne die anderen denkbar. Alle miteinander bilden eine gute Voraussetzung, dass sich Veränderung entwickeln kann.

Halt geben

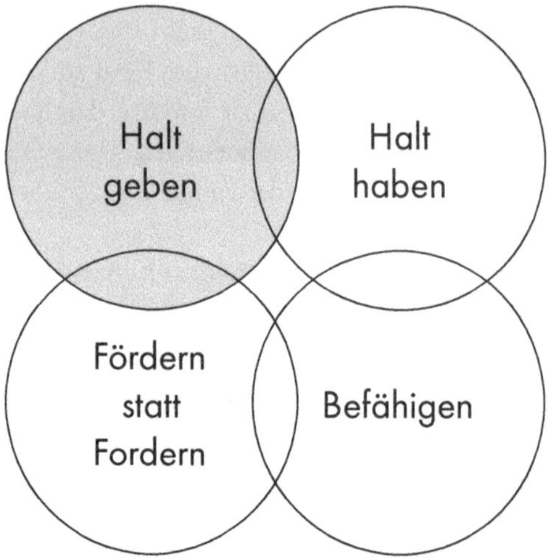

Kindern in ihren Ängsten Halt zu geben bedeutet in erster Linie, präsent zu sein. Dein Kind benötigt dich in deiner körperlichen und gedanklichen Anwesenheit. Indem du für das Kind unterstützend da bist und dich nicht von seiner Angst „anstecken“ lässt, gibst du deinem Kind Halt. Es benötigt dich nicht als Beschützer vor seinen Ängsten, sondern als Haltgeber. Einem Kind, das laufen lernt und unbedingt zu den Spielsachen am anderen Ende des Raumes gelangen will, ist nicht geholfen, wenn du es zu den ersehnten Spielsachen trägst, sondern indem du ihm deine Hand anbietest oder später nur deine wohlwollende Anwesenheit. Genauso wenig ist deinem Kind geholfen, wenn du alle Angstauslöser vermeiden und dein Kind davor beschützen willst. Eltern, die ihr Kind vor den Ängsten beschützen wollen, tragen zur Verfestigung der Ängste bei.

Halt geben heißt nicht festhalten, sondern das Kind begleiten, damit es die Angst selbst überwinden kann.

Dein Kind braucht dich als Unterstützung. Wenn du davon ausgehst, dass die Angst vor der Dunkelheit, vor der Schule etc. von deinem Kind bewältigt werden kann, zeigt sich das in deiner Haltung dem Kind gegenüber. Reiche deinem Kind symbolisch die Hand und spreche mit ihm darüber, wie es denn nun die Angst ein Stück weit überwinden könnte. „Ab welchem Punkt auf dem Pausenhof schaffst du es, allein in die Schule zu gehen?", hilft deinem Kind deutlich mehr, als es an einem „Angst-Tag" von der Schule zu befreien. Genauso verhält es sich mit den anderen Ängsten. Nur so kann ein Umfeld entstehen, in dem das Kind wieder Zugriff auf eigene Kompetenzen bekommt.

Melanie begann gemeinsam mit der Therapeutin ihres Sohnes zu begreifen, was sich hinter Lucas wildem, hyperaktivem, teilweise aggressivem Verhalten verbarg. Seine Angst, von anderen genauso fallen gelassen zu werden wie vom Vater, existierte in Luca als unbewusste Fantasie. Weil er mit seinem überempfindlichen Warnradar jede noch so kleine mögliche Ablehnung seiner Person registrierte, begann er, auf diese aggressiv zu reagieren. Auf diesem Weg versuchte er, seine sozialen Kontakte „unter Kontrolle" zu halten. Er zwang dadurch alle, sich mit ihm zu beschäftigen. Ihn würde keiner vergessen – so wie sein Vater ihn immer wieder vergaß.

Melanie begriff, dass sie seinen Raufbold-Manieren Einhalt gebieten und ihn in seiner zerstörerischen Wut begrenzen musste. Sie verstand sein Verhalten besser und begann ihre Reaktion darauf zu verändern. All das Schimpfen hatte sowieso zu nichts geführt: „Ich sehe, dass du dir eigentlich einen Freund in der Klasse wünschst", sagte sie zu Luca, als dieser wieder mit blauen Flecken hoch erregt nach Hause kam. Luca: „Ja, aber die sind alle Deppen. Ich kann die alle nicht leiden." Melanie: „Ich denke eher, du hast Angst, dass sie dich nicht leiden können. Ob das wirklich so ist – da bin ich mir gar nicht so sicher."

Luca begann, ihr Beweise aufzuzählen, warum keiner wirklich mit ihm zu tun haben wollte. Melanie wusste, wie wichtig es nun war, ruhig zu bleiben. Am liebsten hätte sie gesagt: Da bist du ja auch selbst schuld. Schau mal, was du denen alles getan hast. Aber sie schluckte ihre Gedanken herunter und bemühte sich, Luca zu verstehen: „Oh, da hast du es wirklich nicht leicht." Luca war verwundert, da er eigentlich eine Standpauke erwartet hatte. Als seine Mutter ihm dann noch anbot, sich gemeinsam ein Eis zu holen, damit er sich von dem anstrengenden Schultag erholen könnte, wusste er vor lauter Freude nicht mehr ein noch aus. Beim Eisessen begann er, seiner Mutter auch die andere Seite der Geschichten zu erzählen. Er berichtete, wie er einen anderen Jungen geschubst hatte, nachdem dieser ihn „voll fies angeschaut" hatte. Melanie sah ihre Gelegenheit gekommen: „Weißt du, vielleicht hat er jetzt Angst vor dir. Aber dadurch wird er auch nicht dein Freund. Ich kann schon verstehen, warum du so gehandelt hast. Vielleicht suchen wir beide mal gemeinsam nach einer Lösung für deine Suche nach einem guten Freund. Dein Schubsen und Schlägern finde ich einfach nicht toll – das weißt du ja schon von mir."

So machte sie ihm ihre eigene Grenze deutlich (Gewalt ist nichts, das Mama gut heißt) und bot ihm zugleich ihre Hilfe an, mit seinem eigentlichen Problem und seiner Angst weiterzukommen. Hätte Melanie ihn weiterhin nur einseitig wegen seines Verhaltens geschimpft, hätte Luca noch mehr Konflikte provoziert, um seiner Mutter zu „beweisen", wie schlimm alle zu ihm waren. Stattdessen hatte er erlebt, dass seine Mutter ihn verstand und seine dahinterliegenden Wünsche und Befürchtungen sah. Melanie veränderte ihre Reaktionen auf Lucas Verhalten und bot ihm dadurch zunächst viel mehr Halt. Halt geben heißt eben nicht nur begrenzen, sondern auch verstehen, ohne das unbewusste Muster zu befürworten. Dadurch, dass sich Luca verstanden fühlte, konnte er beginnen, an seinem eigentlichen Thema zu arbeiten.

Wenn Eltern ihr Kind unterstützen, dann wirkt das wie ein guter Boden für Pflanzen: Eine Pflanze kann nur wachsen, wenn sie einen für sie passenden Boden hat (es braucht elterliche Präsenz). Auch kann sie nur dann gut wachsen, wenn der Boden den Samen nicht festhält und erstickt, sondern wenn er locker ist und den Weg zu Wachstum und Entwicklung frei macht (Unterstützung zu Wachstum und nicht Bewahren vor der Angst). Du als Mutter, du als Vater bist der Boden, die Wurzeln deiner Kinder reichen bis zu dir und so kannst du deinem Kind Kraft geben, sich den Stürmen und den Herausforderungen des Lebens zu stellen. Du bewahrst dein Kind nicht vor den Ängsten, du kannst es nicht davor schützen. Eine Pflanze, die im Gewächshaus aufwächst, ist sicher und optimal versorgt. Aber was passiert mit der Pflanze, wenn sie als Bäumchen ins Freie kommt? Sie braucht Stecken und Schnüre, die sie halten und binden, damit sie nicht einknickt. Genauso ist es mit unseren Kindern. Wenn wir sie zu sehr vor allen Schwierigkeiten des Lebens bewahren wollen, haben sie nicht lernen können, damit umzugehen. Schlimmer noch, sie trauen es sich nicht zu. Sie glauben, weiterhin Unterstützungen und Hilfen zu brauchen und entwickeln nicht das nötige Selbstbewusstsein. Du als Mutter, du als Vater bist der Boden, auf dem sich dein Kind als Pflanze entfalten und entwickeln kann. Ein guter Boden ist weder zu weich, noch zu sandig oder zu hart und passt zu den Bedürfnissen der Pflanze.

Manche Eltern bauen um ihre Kinder ein Gewächshaus, weil sie denken, sie benötigen diesen Schutz und Rahmen. Diese Kinder tun sich schwer, jemals ohne Gewächshaus mit den kalten Winden der Realität klarzukommen.

Was seine Ängste angeht, benötigt dein Kind dich als Ort, um Kraft zu tanken und als Mensch, der ihm zutraut, sich der Angst zu stellen. Wecke in deinem Kind die progressiven Kräfte. Das sind genau die Kräfte, die Entwicklung ermöglichen. Dein Kind benötigt das Zutrauen, diese Kräfte zu haben oder entwickeln zu können.

Olivia und Sven bauten um Nicolas ein solches Gewächshaus. Nicolas war ihr Ein und Alles. Fünf Jahre lang hatten sie vergeblich versucht, ein Kind zu bekommen. Dann hatte es endlich geklappt. Beide Eltern verdienten gut und Nicolas sollte es an nichts mangeln. Als die Ängste begannen, war es für beide selbstverständlich, dass sie sich um seine Ängste herum arrangierten. Nicolas hatte Bauchschmerzen vor der Schule? Also organisierte Olivia, dass sie zu Hause bleiben konnte oder beauftragte eine Babysitterin für Nicolas. Erst mit der Zeit begannen beide Eltern zu ahnen, dass sie Nicolas vielleicht zu sehr in vielem nachgegeben hatten. Vielleicht müsste er doch einmal mehr die Zähne zusammenbeißen? Sven und Olivia wurden nachdenklich, als Nicolas' Lehrerin um ein Gespräch bat. Noch nie war ihr Sohn in irgendeiner Form in der Schule aufgefallen. Was war da los? Sven rief sofort bei der neuen Lehrerin an und so erfuhren sie, dass Nicolas ab sofort auch bei eintägigen Fehlzeiten in der Schule ein ärztliches Attest benötigte. Erst jetzt begriffen sie, dass sie zu oft und zu schnell Nicolas Vermeidungswünschen entgegengekommen waren.

Dann weiteten sich die Ängste immer mehr aus. Als er schließlich mit seinen 9 Jahren wieder begann, von Ängsten vor Dieben zu reden, die ihn entführen könnten, wurden Ängste als eigentlicher Grund hinter seinen täglichen Bauchschmerzen offensichtlicher.

Sven und Olivia begriffen, dass sie mit ihrem nachgiebigen Verhalten ungewollt Ängste förderten. Beide setzten sich mit Nicolas hin und besprachen, dass sie ihn nicht mehr wegen Bauchschmerzen von der Schule befreien würden. Außerdem signalisierten sie ihm, dass sie ihm zutrauten, die Schule auch mit Bauchweh zu schaffen. Schließlich sei er ja schon ein Drittklässler und ein großer Junge. Vielleicht sei für ihn alles in diesem Schuljahr mit der neuen Lehrerin noch etwas ungewohnt, aber er würde sich sicher bald daran gewöhnen.

So boten sie ihm den nötigen Halt, damit Nicolas wieder mehr Zugang zu seinen eigenen Kompetenzen bekommen konnte, statt der Angst immer mehr Raum zu geben. Die Veränderungen durch seine Eltern gefielen Nicolas zwar nicht, aber sie ließen ihn innerlich wachsen, da er sich nun als mutigeren Jungen erleben konnte.

Angst ist etwas fundamental Wichtiges. Angst verweist uns auf Gefahren und ermuntert uns, unser Verhalten entsprechend darauf abzustimmen. Deshalb ist beispielsweise ein gewisses Ausmaß an Prüfungsangst völlig normal und wichtig. Die Angst, bei Prüfungen zu versagen, motiviert uns, uns gut vorzubereiten.

Die Angst, unter Gleichaltrigen ausgeschlossen zu werden, erleichtert unseren Kindern Anpassungsleistungen, die helfen sollen, besser angenommen zu werden.

Die Angst des Kindergartenkindes vor nächtlichen Monstern und Gespenstern hilft, sich wieder – vorübergehend – an die Eltern zu binden und bei diesen aufzutanken. Nicht selten haben gerade die Kinder nachts Angst, die untertags zu den mutigsten gehören. Kinder zwischen drei und sechs Jahren haben den Forschergeist und den Mut, auf die höchsten Klettergerüste zu kraxeln, unbekannte Tiere zu untersuchen (und dabei zu riskieren, gestochen zu werden) oder den weltbesten Staudamm im „reißenden Bach" nebenan zu bauen. Abends vor dem Einschlafen erschrecken sie innerlich vor ihrem eigenen Tatendrang und bekommen ungeahnte Ängste, die sie wieder zurück in die haltgebenden Arme der Eltern treiben.

Angst ist also etwas von Natur aus überaus Sinnvolles.

Das Fehlen von Angst kann insofern durchaus pathologische Züge haben. Nur wenn die kindlichen Ängste ein Ausmaß annehmen, das nicht mehr der tatsächlichen Gefahr entspricht, werden sie problematisch und letztlich entwicklungshemmend. Wie bereits beschrieben sprechen wir von einer Angststörung, wenn die Ängste von alltäglichen Verpflichtungen abhalten oder diese erschweren. Ein Kind, das aus Angst ohne realen Grund, wie beispielsweise eine kognitive Überforderung, der Schule fernbleibt, hat eine Schulphobie. Ein Kind, das aufgrund seiner Prüfungsängste ein (fast) leeres Blatt abgibt, obwohl es gut gelernt hat, hat ebenso eine Angststörung, wie auch ein 5-jähriges Kind, das aufgrund von Trennungsängsten nicht im Kindergarten bleiben kann.

Angststörungen von Kindern benötigen eine klare elterliche Haltung. Eltern, die trotz (oder gerade wegen) der Angststörung ihr Kind vor allen ängstigenden Situationen bewahren und beschützen wollen, erhalten die Angst aufrecht. Wenn du als Mutter, du als Vater feststellst, dass sich dein Kind schwertut, seine Haltung zu verändern oder die Angststörung deines Kindes trotz deiner geänderten elterlichen Haltung andauert, wird es Zeit, sich an Fachpersonen zu wenden. Auch dies gehört zu haltgebenden elterlichen Handlungsmöglichkeiten. Am Ende des Buches verweise ich auf entsprechende Anlaufstellen, die weiterhelfen können.

Haltgeber sein – Am Beispiel Schulangst

Kinder mit Ängsten beziehen ihre Eltern mit ein: Sie machen deutlich, jemanden zu brauchen. Angst treibt die Kinder zurück in die schützenden Arme der Eltern. Jetzt liegt es an uns Eltern, uns nicht von der kindlichen Angst anstecken oder in den eigenen Emotionen beeinflussen zu lassen, sondern unseren Verstand zu nutzen, um zunächst einige wichtige Fragen zu klären.

Ist die Situation, die meinem Kind Angst macht, real bedrohlich? Gibt es einen Grund, warum diese Situation tatsächlich gemieden werden sollte?

Ein Kind, das schlimme Erfahrungen mit anderen Kindern in der Schule macht und jeden Tag fürchten muss, im hinteren Winkel des Pausenhofs geschlagen zu werden, hat einen realen Grund, sich vor dem Schulbesuch zu fürchten. Hier ist es wichtig, mit dem Kind darüber zu reden und Möglichkeiten zu überlegen, wie die Situation verbessert werden kann. Kann es sich selbst wehren? Wissen die Lehrer Bescheid? An wen könnte sich das Kind wenden? Wenn sich das Kind dies nicht selbst zutraut: Soll ich mein Kind begleiten, um gemeinsam mit der Lehrkraft zu sprechen?

Ist ein Kind mit Schulvermeidung möglicherweise aufgrund intelligenzbedingter Lernschwierigkeiten vom Schulstoff überfordert, liegt natürlich auch ein realer Grund für das vermeidende und ängstliche Verhalten vor. In diesem Fall sollte gemeinsam mit der Lehrkraft überlegt werden, ob eine Intelligenzmessung durch den Schulpsychologen oder andere Maßnahmen Sinn machen.

Gibt es diese realen Gründe jedoch nicht, dann gibt es keinen Grund, dein Kind zu Hause zu lassen. Wenn Eltern selbst die Sicherheit in sich tragen können, dass die Schule ein guter Ort für ihr Kind ist, dann können sie ihrem Kind den nötigen Halt geben, damit es sich der Herausforderung Schulbesuch wieder stellt. Wenn du dir unsicher bist, wird dein Kind dies merken und dich vielleicht doch „überzeugen", zu Hause zu bleiben. Verschaffe dir durch Gespräche mit der Lehrkraft, mit anderen Eltern, mit anderen Kindern die nötige Klarheit. Leidet dein Kind unter unklaren Bauchschmerzen, ziehe den Kinderarzt hinzu, ob es organisch-körperliche Ursachen geben könnte. All dies kann dir helfen, selbst Sicherheit und Halt zu bekommen, sodass du wiederum deinem Kind Haltgeber sein kannst.

Ein Kind mit real unbegründeten Ängsten braucht deine Unterstützung, damit es sich der Angst stellen und den eigenen Pflichten nachkommen kann. Sobald du dein Kind nur beschützt, statt es zu fördern, trägst du zur Verfestigung der Angst bei.

Haltgeber sein heißt aber nicht nur, in Momenten der Angst präsent zu sein. Halt beinhaltet all das, was Kindern in Familien Wurzeln und Sicherheit verschafft. Halt ist das Wissen, von den Eltern geliebt zu werden. Kinder, die erleben, dass ihre Eltern sie in ihrer Identität, in ihren Charaktereigenschaften und ihrer Art annehmen und lieben können, gehen gefestigt ins Leben und in die Welt außerhalb der Familie. Strukturen innerhalb des Familienlebens mit eigenen Ritualen und festen gemeinsamen Essenszeiten, in denen sich die Familienmitglieder sehen und austauschen können, verschaffen den Kindern ebenso Halt. Sie wissen, dass es regelmäßige Zeiten mit den Eltern gibt, in denen sie von ihren Problemen und Schwierigkeiten, aber auch ihren Freuden erzählen können, sodass sie sich mit den eigenen Herausforderungen abseits der Familie nicht alleingelassen fühlen.

Halt bedeutet auch das Wissen um Regeln in der Familie. Eltern, die ihren eigenen Standpunkt nicht gegenüber den Kindern vertreten und auf Forderungen gegenüber dem Kind verzichten, vermitteln ihrem Kind auf unbewusster Ebene, dass sie ihm letztlich nichts zutrauen. Das schonende Erziehungsverhalten führt zu Gefühlen eigener Inkompetenz beim Kind, das sich wiederum dadurch schneller überfordert fühlen kann.

Leidet dein Kind unter Ängsten, solltest du deine Zeit nicht von den Ängsten des Kindes bestimmen lassen. Nicht selten treffe ich auf Eltern, die sich in ihren Arbeitszeiten oder ihren Freizeitaktivitäten von den kindlichen Ängsten den Takt vorgeben lassen. Das ist nicht hilfreich. Mute deinem Kind zu, dass auch du ein eigenes Leben hast und nicht vor den Ängsten einknicken musst.

Du musst auch nicht sofort reagieren, wenn du glaubst, dein Kind könnte Angst haben. Nehmen wir das Beispiel eines Kindergartenkindes, das sich vor anderen Kindern fürchtet. Gehe mit ihm zum Spielplatz und drehe nicht sofort um, wenn dein Kind Angst bekommt.

Bleibe dabei und signalisiere deinem Kind, dass du ihm zutraust, mit den anderen Kindern zurechtzukommen. Eine Mutter erzählte mir, dass sie mit ihrem Kind nur dann zum Spielplatz ging, wenn dort keine anderen Kinder waren, da sie um die Angst ihres eigenen Kindes vor den anderen wusste. Genau hier entstand der Nährboden für eine ausgewachsene Angststörung im Jugendalter.

Halt haben

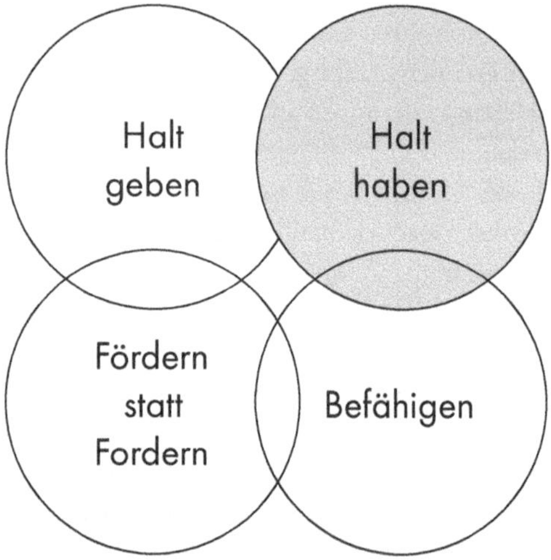

Halt geben geht natürlich dann leichter, wenn du selbst einen guten Boden hast. Es ist dann einfacher, wenn du dich mit anderen Personen umgibst, die für dich guter Boden sind, die dir Nährstoffe geben. Sorge für dich und deine eigene Verwurzelung. Wenn du Freunde und Familie hast, die dir Halt geben und von denen du dich notfalls auffangen lassen kannst, ist es leichter, klare Standpunkte und Werte den Kindern gegenüber zu vertreten.

Die Bindungstheorie, die sich mit einer gesunden, „sicheren" Bindung zwischen Eltern und Kind beschäftigt, spricht an dieser Stelle vom „sicheren Hafen". Eltern sind wie ein sicherer Hafen, zu dem die Kinder zurückkommen und auftanken können. Das Kind erhält bei feinfühligen Eltern Trost und Verständnis, sodass es sich von dieser Basis aus wieder auf den Weg in unbekannte Gewässer machen und diese erforschen kann.

All diese Bilder sollen verdeutlichen, dass es nicht unsere Aufgabe als Eltern ist, außerhalb der Familie alle schwierigen Situationen für unsere Kinder zu regeln.

Wir sind nicht als die gefordert, die die Ängste beseitigen, sondern als Anlaufstelle, wenn es „draußen" für unsere Kinder schwierig wird. Dabei ist es wichtig, dass wir unseren Kindern diese unsere Aufgabe verständlich machen und ihnen Grenzen setzen, wenn sie von uns verlangen, ihnen die Angst wegzunehmen. Nur so gelingt es, den Kindern den nötigen Halt zu geben.

Ganz klar: Um Halt geben zu können, muss man selbst Halt und eigene verlässliche Wurzeln haben. Eine Familie, die dich unterstützt und versteht oder ein Freundeskreis, in dem du dich entlasten und selbst wieder „auftanken" kannst, ist viel wert. Wenn du merkst, dass dir selbst dein eigener Halt verloren gegangen oder nicht ausreichend vorhanden ist, solltest du dringend überlegen, wie du diesen Halt wiederbekommen kannst. Es ist wichtig, auf sich selbst zu achten, Zeit für Selbstfürsorge einzuplanen und den eigenen Alltag nicht durch die Ängste des Kindes bestimmen zu lassen. Mache dir klar, dass du nicht sofort auf jede Angstäußerung deines Kindes reagieren musst. Mute deinem Kind zu, im eigenen Zimmer zu schlafen, wenn du merkst, wie sehr die kindliche Angst auch dir den Schlaf raubt, wenn dein Kind bei dir im Elternschlafzimmer schläft.

Alles, was dir selbst den Halt im Leben raubt, verhindert, dass du haltgebend für deine Kinder sein kannst. Wenn du beginnst, deinem Kind mehr Ängste zuzumuten, heißt dies auch, dass du ihm vermittelst, dass es nichts Reales gibt, vor dem es sich gerade fürchten muss. Ängste zumuten heißt auch, dem Kind zuzutrauen, die Angst überwinden zu können. Wenn du jede Angst abfederst und dabei dein Kind auch über deine eigenen Grenzen gehen lässt, signalisierst du ihm, dass man tatsächlich alles Menschenmögliche machen muss, um die Angst zu vermeiden. In der Folge wird die Angst noch größer, da die Kinder lernen, dass sogar die Erwachsenen alles machen, Angst zu umgehen. Das Kind schlussfolgert: Wenn sogar meine Eltern an der Vermeidung meiner (und ihrer) Ängste so intensiv mitarbeiten, habe ich wohl Recht in meiner Einschätzung, dass meine Ängste begründet sind. Des Weiteren schlussfolgert es irrtümlich, dass das höchste Ziel des Daseins völlige Angstfreiheit ist.

Solltest du erkennen, dass deine eigenen Ängste sehr ausgeprägt sind und blockierend im Wege einer guten Entwicklung deines Kindes stehen, möchte ich dich ermutigen, dir dringend für dich selbst Hilfe zu suchen. Erste Ansprechpartner können Hausärzte oder auch Fachärzte für Psychiatrie und Psychotherapie oder auch direkt Psychotherapeuten sein.

Erika hatte lange hin und her überlegt, ob sie das Wanderwochenende mit ihrer Freundin machen sollte. Aber sie hielt es zu Hause nicht mehr aus. Schon lange nicht mehr. Damals, als ihr Mann Gerhard starb, brach auch für sie eine Welt zusammen. Das Leben, das sie sich mit ihm ausgemalt hatte, gab es nicht mehr. Und Leonie kam überhaupt nicht in die Gänge. Lange war Erika völlig verzweifelt darüber, wie sehr sich Leonie als Reaktion auf den Tod ihres Mannes verändert hatte. Anfangs hatte sie noch mitgemacht und war mit Leonie von Arzt zu Arzt gerannt, weil Leonie Angst hatte, ihr könnte es genauso wie Papa ergehen. Mittlerweile hatte Erika resigniert. Sie sah keine Chance mehr, Leonie zu einer eigenen Berufstätigkeit zu bewegen. All das ging oft genug zu sehr über ihre Grenzen.

Weniger, dass sie als Mutter nun ein Leben lang mitverantwortlich sein würde, Leonie mitzuversorgen, sondern eher, dass damit eine Hoffnung zusammenbrach, beschäftigte sie. Natürlich hatte sie wie alle anderen Eltern gehofft, dass aus ihrer Tochter „mal was werden würde". Zumindest, dass sie einen Beruf haben, am Leben teilnehmen und einen Freundeskreis, vielleicht mal einen Freund und eine eigene Familie finden würde, hoffte sie. Aber so wie es jetzt war, würde das nie Realität werden. Oft genug war Erika richtig sauer auf Leonie. Natürlich wollte sie ihr das nicht zeigen, aber es war nun mal so und wenn sie sich weiter deswegen stressen würde, würde sie am Ende auch noch krank werden. Also beschloss Erika, auf sich und ihre eigenen Bedürfnisse zu achten. Nach einem Telefonat mit ihrer Freundin beschlossen beide, dass es mal wieder Zeit für ein gemeinsames Wochenende in den Bergen wäre.

Als Erika dies ankündigte, war Leonie entsetzt. Wie konnte Mama ihr das antun und sie allein lassen? Aber Erikas Entschluss stand fest. Als sie endlich die frische Bergluft schnupperte, mit ihrer Freundin gemeinsam wanderte und ratschte, bekam sie wieder einen freien Kopf – der Beginn eines wichtigen Veränderungsprozesses.

Als sie zurückkam, war Leonie nicht zu Hause. Verwundert durchsuchte Erika das ganze Haus. Aber von ihrer Tochter war keine Spur zu finden. Erst Stunden später tauchte Leonie wieder auf. Ohne ein Wort ging sie in ihr Zimmer und sperrte sich ein. Einerseits hatte Erika ein schlechtes Gewissen, aber andererseits hatte ihre Tochter seit einer gefühlten Ewigkeit mal wieder das Haus verlassen. War das nicht ein Fortschritt? Erika beschloss, in Zukunft öfters auf ihre Bedürfnisse zu achten und weniger um Leonie und ihre Ängste zu kreisen. Schließlich war Leonie auch alt genug, sich selbst um ihre Ängste zu kümmern.

Fördern statt Fordern

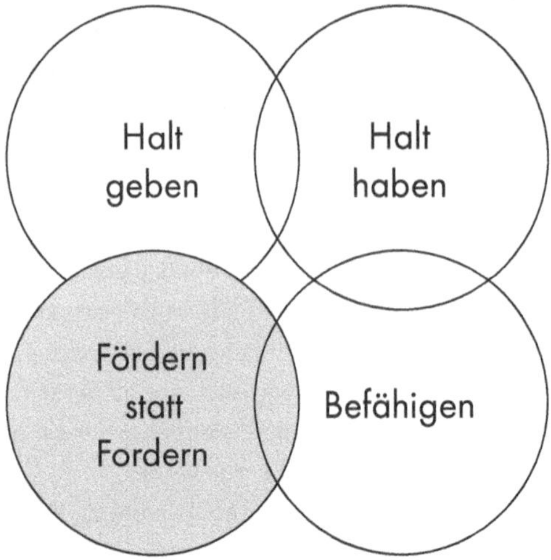

Bei all dem ist es wichtig, dass du dein Kind nicht überforderst. Natürlich ist die Angst des Kindes real (wenn auch nicht das Ausmaß der wahrgenommenen Bedrohung) und diese Angst solltest du ernst nehmen. So sehr du darauf achten solltest, dass du genügend Halt für dich findest, ist es bedeutsam, dem Kind nach wie vor als Stütze zur Verfügung zu stehen. Dein Kind braucht dich als jemanden, der nachempfinden und ahnen kann, wie es ihm mit der Angst geht.

Halt geben heißt auch, dass wir anwesend sind. Einseitig zu fordern, sich den Ängsten zu stellen, bedeutet, das Kind mit den Ängsten allein zu lassen oder diese zu ignorieren. Auch wenn die Gründe der Kinderängste oft nicht einer realistischen Situationseinschätzung entsprechen, so fühlen sich doch die Ängste für das Kind völlig real – und nicht etwa eingebildet – an.

Oft neigen Eltern aufgrund ihrer eigenen Überforderung dazu, die Angst selbst nicht mehr ernst zu nehmen. Dies ist auch verständlich, insbesondere bei Ängsten, die nicht vernünftig scheinen.

Schnell fallen dann Worte wie „jetzt stell dich nicht so an“ oder „da musst du halt durch“. Sicherlich steckt hinter diesen Worten der Wunsch, das Kind zu ermutigen, sich der Angst zu stellen. Vielleicht bestehen manchmal auch Zweifel, ob das eigene Kind mithilfe der Ängste nach der „Aufmerksamkeit“ der Eltern sucht.

Vielleicht sollen diese Worte auch einen gewissen Halt vermitteln, was vielleicht sogar ab und zu gelingt. Dennoch greifen diese Reaktionen oft zu kurz. Vor allem bei dahinterliegenden unbewussten Ängsten müssen diese Worte geradezu eine unbewusste Verstärkung der tatsächlichen Ängste bewirken, da so das von der eigenen Psyche angedachte Ventil für die Angst nicht mehr funktionieren darf. In der Folge vergrößern sich entweder die kindlichen Ängste oder sie verlagern sich auf ein anderes Feld.

Eltern, die versuchen, dem Kind die Angst auszureden oder vorzuschreiben, dass sie von der Angst jetzt nichts mehr hören wollen, helfen dem Kind nicht. Du kannst nicht über die Gefühle deines Kindes bestimmen und dem Kind diktieren, dass es keinen Grund zur Angst haben darf. Bleibe empfänglich für die Gefühle deines Kindes und respektiere die Begründungen deines Kindes für seine Angst.

Natürlich versuchen auch Eltern, die ihrem Kind die Angst ausreden wollen, dem Kind zu helfen. Dabei werden sie dem Kind mit seinen Bedürfnissen, selbst die Angst besiegen zu wollen, nicht gerecht. Es hilft weder, wenn du mit deinem Kind wegen seiner Ängste schimpfst, noch wenn du davon ausgehst, die Ängste wären nur Theater.

Statt vom Kind einseitig zu fordern, sich der Angst zu stellen, braucht dein Kind ein Gefördert-Werden: „Ich sehe, wie schwer die Situation für dich ist, aber ich erwarte, dass du dich dem Ganzen stellst“ ist für das Kind wesentlich hilfreicher. Es braucht eben beide Seiten. Die Angst will in ihren Ursachen gesehen und wahrgenommen werden. Dein Kind braucht aber auch die nötige Grenze, damit die Angst nicht ausufert. Nur eine Grenze zu setzen („Stell dich nicht so an!“) hilft dem Kind nicht weiter und gibt auch nicht den besprochenen Halt.

Fördere die Stärken und selbstbewussten Seiten deines Kindes, dann kannst du auch etwas von ihm einfordern. Es braucht beide Haltungen, damit es dein Kind langfristig schaffen kann, auf seine Fähigkeiten zuzugreifen und neue Fähigkeiten zu entwickeln, um sich der Angst tatsächlich zu stellen.

Wenn dein Kind sicher sein kann, dass du weißt, welche Kraftanstrengung es bedeutet, trotz und mit seiner Angst einen neuen Schritt zu gehen, wird es sich wahrscheinlicher eher mutig verhalten wollen, als wenn es davon ausgeht, dass seine Angst noch nicht gut genug wahrgenommen wird.

Fördere dein Kind, dass es sich insgesamt als starker und fähiger Mensch wahrnehmen kann, dann kann es sich auch leichter mit den eigenen bewussten und unbewussten Ängsten auseinandersetzen. Alles, was deinem Kind ermöglicht, eigene Fähigkeiten zu erleben, ist eine gute Grundlage es zu motivieren, sich mit der eigenen, gefürchteten Gefühlswelt zu beschäftigen: „Ich weiß, dass du ein Kämpfer bist. Im Fußball hast du beim letzten Spiel bewiesen, wie hartnäckig du deinen Gegnern an den Fersen bleibst. Da kannst du doch auch versuchen, es mit deiner Angst mal aufzunehmen, oder was meinst du?“

Das Kind wird an Situationen erinnert, in denen es eigene Kraft bewiesen hat und fühlt sich so gestärkt, es tatsächlich mit seiner Angst aufnehmen zu wollen. Wenn dein Kind erkennen kann, dass es seine eigene Angst ist, die es immer wieder blockiert und Lebensfreude nimmt, hast du bereits viel erreicht. Solange es nur die gefürchteten anderen sind (der Kindergarten, die Schule, die Ausbildung), ist dein Kind noch nicht ganz gewillt, sich tatsächlich der Angst zu stellen. Erst wenn es sagen kann, ich will keine Angst mehr vor dem Schulbesuch, den Spinnen oder den Mitschülern haben müssen und möchte es schaffen, mal bei Freunden zu übernachten etc., dann hat es genügend eigenen Willen entwickelt und innere Kräfte aktiviert, die Angst tatsächlich anzugehen.

Anne und Matthias hatten Julia mit der Überraschungs-Geburtstagsparty völlig übergangen. Das war ihnen klar. Aber eigentlich konnte Julia nur so sehen, dass es gar nicht so schwierig mit anderen Menschen war, wie sie immer befürchtete. Schließlich hatte Julia mit der Zeit immer lockerer gewirkt. Als sie danach mit ihrer Tochter sprachen, mussten sie feststellen, dass Julia dies alles anders sah. Sie sei „oberpeinlich" gewesen. Nicht mal schminken konnte sie sich noch, da standen die anderen schon vor ihrer Tür. Julia fand nicht, dass es ein schöner Abend war. Im Gespräch mit ihren Eltern fielen ihr nur Situationen ein, die sie als missglückt beurteilte.

Anne und Matthias wunderten sich, wie Julia nur alles so negativ sehen konnte. Aber vielleicht musste sie auch alles negativ sehen, weil sie von ihnen so überrumpelt worden war. Wenn sie ehrlich waren, wollten sie als Eltern einfach so tun, als wäre alles normal. Aber das war es nicht. Wie konnten sie ihre Tochter dazu bringen, sich in Zukunft solchen Situationen zu stellen? Wie konnten sie Julia überzeugen, dass der Abend gar nicht peinlich war, sondern es viele gelungene Momente gab?

Sie wussten beide, wenn sie auf Julia einredeten, würde diese es doch nicht annehmen. Also entschieden sie sich für einen anderen Weg: Sie sprachen miteinander über den Geburtstagsabend – und zwar so, dass Julia mithören konnte. So hatte Julia die Freiheit, sich einzumischen oder eben nur zuzuhören. Sie sprachen über das, was sie als gelungen betrachteten und Julia musste sich so nicht mit ihrer Meinung rechtfertigen. Julia konnte einfach nur hören, was ihre Eltern tatsächlich über die Feier dachten.
In einem nächsten Schritt beschlossen sie, mit Julias Freundin zu sprechen. Sie fragten nach, warum die Freundin Julia nicht mehr zum Weggehen an den Wochenenden mitnahm. Die Freundin meinte, Julia habe sich so verändert, sie wolle doch gar nicht mehr mitgehen.
Anne äußerte den Eindruck, Julia sitze in ihrem Zimmer und warte darauf, mal wieder gefragt zu werden. Sie fühle sich wohl eher ausgeschlossen.
Am nächsten Wochenende kam Julia zu ihren Eltern und erzählte, dass sie sich wieder mit ihren Freunden treffen wolle; diese hätten ihr Nachrichten geschrieben, sie würden sie vermissen. Und so begannen Anne und Matthias, nicht mehr nur von Julia einzufordern, sich der Angst zu stellen, sondern fanden ihre eigenen Wege, wie sie ihre Tochter fördern konnten, indem sie selbst ihre Stärken betonten oder andere dazu brachten, Julia positive Rückmeldungen zu geben. Mit der Zeit konnte Julia sich so als stärker erleben und die eigenen Ängste wurden überflüssig.

Befähigen

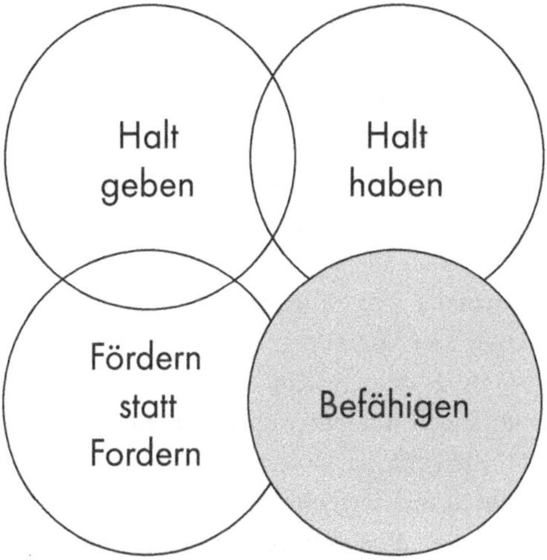

Sobald dein Kind spürt, dass es mit seiner Angst ernst genommen wird und diese weder abgetan noch überbewertet wird, kann es ein eigenes, innerlich verankertes Interesse entwickeln, die Ängste hinter sich zu lassen.

Deine Aufgabe als Mutter bzw. als Vater ist es, dein Kind mit den Ängsten nicht allein zu lassen, sondern mit ihm gemeinsam konkrete Hilfestellungen zu erarbeiten. Es geht um die Frage: Was kann deinem Kind am besten helfen, wenn es merkt, dass die Angst in ihm aufsteigt? Hilft es, tief durchzuatmen und die Fäuste zu ballen? Oder hilft es, eine bestimmte Musik abzuspielen? Hilft es, eine bestimmte Person anzurufen? Hilft es vielleicht, alle Gedanken, die auftauchen, aufzuschreiben? Oder hilft es, Entspannungsübungen zu machen, wie beispielsweise progressive Muskelrelaxation, die gezielt von einer Anspannung in die Entspannung führt?

Es gibt so viele Möglichkeiten wie es Menschen gibt. Wichtig ist, dass all diese Möglichkeiten nicht die Angst wegnehmen sollen, sondern dein Kind in die Lage versetzen können, selbst mit der Angst umgehen zu lernen.

Eine gute Unterstützung kann es sein, gemeinsam mit dem Kind ein kleines Repertoire von Übungen, Gedanken und anderen kleinen Hilfen zusammenzustellen, die es immer greifbar haben kann („ein Notfallpäckchen bei Angst").

Es kann ebenfalls sehr hilfreich sein, das große Gesamtziel, mit der Angst klarzukommen, in kleinere Zwischenziele aufzuteilen. Wenn es deinem Kind mit einer massiven Angst vor dem Schulbesuch ohne erkennbare äußere Ursachen noch zu schwerfällt, die gesamte Unterrichtszeit in der Schule auszuhalten, besprich mit der Lehrerin und dem Schulpsychologen, ob es möglich ist, dass dein Kind täglich nur für drei Unterrichtsstunden in die Schule kommt. Nach zwei Wochen, in denen dies gelingt, ist es vielleicht möglich, dass dein Kind für vier Unterrichtsstunden in die Schule geht. Dies wird so lange gesteigert, bis es die volle Unterrichtszeit in der Schule anwesend ist.

Dein Kind kann sich so als stark genug erleben, die Ängste zumindest für eine bestimmte Zeit auszuhalten. Der Fokus liegt nicht auf dem, was nicht gelungen ist, sondern auf dem, was es bereits erreichen kann.

Setz dich mit deinem Kind hin und überlege mit ihm gemeinsam, was deinem Kind am meisten helfen kann, mit der Angst umzugehen. Ich bin immer wieder erstaunt, auf welch kreative Lösungen auch bereits jüngere Kinder kommen. Deine Aufgabe ist es, dein Kind in seinen Lösungsversuchen zu begleiten. Die Lösung sollte keine komplette Abschaffung der Angst zum Ziel haben („dann bleib ich eben daheim"), sondern Ideen beinhalten, durch die sich dein Kind ermutigt fühlt, die Ängste selbst zu überwinden.

Dabei darf jeder noch so kleine Erfolg gefeiert werden. Ein Kind, das sich nicht mehr in den Keller traute und es nun schafft, drei Stufen nach unten zu gehen, hat etwas geleistet. Die Ermutigung, dass es vielleicht beim nächsten Mal vier Stufen schaffen könnte, ermuntert dein Kind, weiterzumachen und über sich hinauszuwachsen.

Jede Erfahrung, Ängste meistern zu können, hilft bei erneut auftauchenden Ängsten. „Ängste meistern" heißt aber nicht, etwas Neues angstfrei zu tun, sondern vielmehr, etwas trotz bestehender Ängste zu versuchen und nach und nach in diesen Situationen sicherer zu werden. Je mehr dies im eigenen Selbstbild verankert werden kann („ich kann stärker als meine Angst sein"), desto weniger müssen die unbewussten und bewussten Ängste dein Kind noch schrecken.

Dafür bedarf es oft einer Strategie der kleinen Schritte. Wenn dein Kind erlebt, dass es mit seiner selbst überlegten Methode die Angst auch nur ein klein wenig mindern kann, kann es sich als wirkmächtig erleben und erfährt so, dass es die Angst selbst schrittchenweise reduzieren kann. Manchen jüngeren Kindern helfen hier Skalierungsfragen: Wenn die Angst anfangs so groß wie ein Elefant war und nun nur noch so groß wie ein Löwe ist, dann hat es bereits etwas erreicht. Wenn du mit deinem Kind dann ermutigend weiterarbeitest, wird es irgendwann schaffen, dass die Angst nur noch die Größe einer Ameise hat.

Melanie hatte viel verändert. Sie hatte verstanden, was ihren Luca in die Situation brachte, wild und gemein zu werden. Sie hatte seine Ängste wahrgenommen und erkennen können, wie sehr er fürchtete, von anderen Menschen so verletzt zu werden wie vom Vater. Zugleich behielt er dadurch seinen Vater innerlich weiterhin auf einem Podest. Die aus den Enttäuschungen heraus entstandene Wut hatte Luca vom Vater abgezogen und auf seine Klassenkameraden gerichtet: Nicht der Vater war der, der durch seine kurzfristigen Terminabsagen verletzen konnte, sondern die Mitschüler wurden als potenziell bedrohlich und verletzend gesehen.

Doch gibt es einen Unterschied zwischen dem, was Luca beim Vater erlebt, und dem, was sich zwischen ihm und seinen Klassenkameraden entwickelt hat: Der Vater verhält sich so, weil er sich schwertut, Vater zu sein. Die anderen Kinder sind nicht per se ablehnend, sondern reagieren auf Lucas Verhalten. Luca selbst könnte an dieser Situation etwas ändern, wenn er netter mit den anderen umgehen lernte. Und netter könnte Luca dann sein, wenn er davon ausginge, dass diese ihm wohlgesonnen wären und ihn nicht verletzen wollten.

Melanie sprach mit ihrem Sohn über seinen Vater. Sie fragte nach, wie es Luca wohl damit gehe, wenn Papa immer wieder kurzfristig absagt. Sie hörte ihm zu und versuchte nicht, ihn zu irgendeiner Meinung zu bewegen.

Was die anderen Kinder anging, überlegte Melanie mit Luca gemeinsam, welches Kind wohl am ehesten sein Freund sein könnte. Diesen Jungen luden die beiden zum Spielen zu Luca ein. Melanie vereinbarte mit Luca, dass sie in der Nähe blieb, um notfalls mithelfen zu können, falls es zu Konflikten käme. Sie bereitete mit ihm das Treffen vor, bot ihre Hilfe an, falls es in der Angstsituation selbst zu Schwierigkeiten käme und besprach mit ihm das Treffen nach. Mit der Zeit wurde Melanie so zu einer echten haltgebenden Stütze für Luca, sodass er sich nicht mehr seiner eigenen Fantasie, abgelehnt zu werden, ausgeliefert sah. Nach und nach konnte er die Erfahrung machen, dass er es ein Stück weit selbst in der Hand hatte, ob die befürchtete Ablehnung eintrat („ich werde abgelehnt, wenn ich jemanden schubse") oder ob er angenommen wurde („ich warte erst einmal ab und frage, was das andere Kind spielen will – dann klappt es besser").

6 Welche Hilfen gibt es noch?

Es gibt mittlerweile in Deutschland zahlreiche Hilfen für Eltern von Kindern mit Angststörungen.

Wenn du Hilfe und Unterstützung für dich selbst suchst, damit es dir leichter fällt, die Entwicklungsprinzipien zu verinnerlichen und umzusetzen, ist es beispielsweise sinnvoll, sich an eine Erziehungsberatungsstelle zu wenden. In vielen Städten gibt es die kostenfreie Möglichkeit, sich bei Schwierigkeiten beraten zu lassen und fachlich versierte Psychologen und Sozialpädagogen an seiner Seite zu haben. Der Fachverband für Erziehungs- und Familienberatung bietet auf seiner Internetseite der Bundeskonferenz für Erziehungsberatung die Möglichkeit, sich entweder online beraten zu lassen oder nach einer der zahlreichen Erziehungsberatungsstellen vor Ort zu suchen.

Bei massiveren Angststörungen empfiehlt es sich, sich an einen Kinder- und Jugendpsychiater oder einen Psychotherapeuten zu wenden. Der Unterschied zwischen beiden Hilfen besteht im Wesentlichen darin, dass Psychiater Ärzte sind und deshalb auch gegebenenfalls Medikamente verschreiben können, was durch Psychotherapeuten nicht erfolgen kann. Psychotherapeuten können sich andererseits in der Regel mehr und regelmäßiger Zeit für psychotherapeutische Gespräche mit ihren Patienten und auch Eltern nehmen. Bei manchen ausgeprägten Angststörungen kann eine medikamentöse Behandlung als Voraussetzung für eine Psychotherapie durchaus sinnvoll sein. Viele Kinder- und Jugendpsychiater bieten Therapien in der eigenen Praxis mit an oder arbeiten mit Psychotherapeuten gut zusammen. Kinder- und Jugendpsychiater führen oft zu Beginn eine ausführliche Diagnostik durch, um eine klare Diagnose stellen zu können. Erst wenn diese Diagnose gestellt ist, wird in der Regel eine Empfehlung für eine entsprechende Behandlungsform ausgesprochen.

Bei der Auswahl eines Psychotherapeuten ist es wichtig, dass auch du als Mutter oder Vater ein „gutes Bauchgefühl“ hast. Wenn zwischen Kind und Eltern und der Therapeutin/dem Therapeuten die „Chemie stimmt“, ist dies eine wesentliche Voraussetzung dafür, dass die Therapie gelingen kann. Schließlich geht es sowohl in den Therapieterminen als auch den Elterngesprächen um sehr persönliche Erfahrungen oder Gedanken, sodass es wichtig ist, das nötige Vertrauen aufbauen zu können, um in der Therapie offen und frei zu sprechen.

Bei Kinder- und Jugendlichen-Psychotherapeuten wird die Entscheidung über das weitere Vorgehen nach ca. fünf probatorischen Terminen (also Terminen zum Ausprobieren der Therapie) gemeinsam gefällt. Fällt die Entscheidung für eine Psychotherapie, werden regelmäßige Therapietermine einzeln oder auch in Form einer Gruppentherapie vereinbart. Je nach fachlicher Ausrichtung der Therapeutin oder des Therapeuten sind die Behandlungsansätze etwas unterschiedlich: Im Rahmen einer Verhaltenstherapie bekommt dein Kind die Möglichkeit, an eigenen Verhaltensmustern zu arbeiten, die in die Angst führen bzw. die Angst eindämmen können. Im Rahmen einer tiefenpsychologischen oder psychoanalytischen Psychotherapie liegt der therapeutische Fokus auf der Begleitung des Kindes dabei, die unbewussten Ängste bearbeiten und hinter sich lassen zu können. Für beide Therapieformen gibt es gute wissenschaftliche Grundlagen und Belege für deren Wirksamkeit, sodass es bei dir liegt, zu entscheiden (und gegebenenfalls auszuprobieren), mit welcher Behandlungsform (oder welcher Therapeutin, welchem Therapeuten) du und dein Kind sich wohl fühlen und profitieren können.

Über die Homepage der kassenärztlichen Bundesvereinigung gelangst du zu einer Online-Arztsuche, mithilfe derer du Kinder- und Jugendpsychiater oder Kinder- und Jugendlichen-Psychotherapeuten mit Kassenzulassung ausfindig machen kannst. Des Weiteren kannst du entsprechende Informationen über deine jeweilige Krankenkasse bekommen.

Wenn du darüber nachdenkst, wie du die Punkte aus diesem Buch konkret in deinem Alltag umsetzen kannst, unterstütze ich dich gerne auf: www.therapie2go.com/angst-buch/

Es gibt viele Möglichkeiten, sich Hilfe zu holen. Nutze sie.

Laura

Laura war im Laufe der Therapie immer aufmüpfiger geworden. Ihr hatte es gar nicht gefallen, nun wirklich in die Schule zu müssen und sie war deshalb oft sauer auf ihre Mutter. Patricia hatte sich immer wieder überlegt, eventuell selbst eine Therapie zu beginnen, da sie innerlich mit ihrer Erkrankung und dem Gefühl, durch den Tumor bedroht zu sein, nicht gut zurechtkam. Zwar hatten ihre Ärzte ihr bei jeder Untersuchung Hoffnung machen wollen, dennoch war es sehr schwer für sie, plötzlich mit der eigenen Sterblichkeit konfrontiert zu sein. Oft genug hatte sie Laura deshalb – ohne es zu wollen – an sich gebunden. Aber Laura sollte weiterleben und ein fröhliches Kind sein können. Lauras Ängste taten ihr in der Seele weh, da es doch wenigstens Laura gut gehen sollte. Zugleich war sie heimlich froh, wenn Laura zu Hause blieb, da sie sich so nicht allein fühlen musste.

Patricia hatte auch verstanden, dass sie selbst unbewusst dazu beitrug, Lauras Ängste zu erhalten und ihren Zweck zu erfüllen: Die Ängste stellten eine Nähe zwischen Mutter und Tochter her, die von beiden als wertvoll empfunden wurde. Dadurch wurde das Loslassen für beide schwierig.

Patricia begann zu begreifen, wo diese Entwicklung hinführen könnte. Was wäre mit einer Laura, die noch wie ein Kleinkind an ihre Mutter gebunden wäre? Wie könnte sie ins Leben gehen und Freundschaften entwickeln und genießen? Wie konnte sie sich auf die Schule konzentrieren und lernen, wenn sie in Gedanken immer an Mama hing? All dies würde dazu beitragen, dass Laura keineswegs ein glückliches Mädchen würde, sondern eines, das innerlich von Mamas Nähe abhängig bliebe.
Laura brauchte von ihrer Mutter etwas anderes. Sie brauchte eine Mutter, die für ihre eigene Gesundheit kämpfte und die nötige Verantwortung übernahm. Laura brauchte eine Mutter, die ihr Grenzen bot. Genau gegen diese Grenzen lehnte sich Laura auf. Natürlich wollte sie die ihr vertrauten und Sicherheit gebenden Verhaltensmuster nicht freiwillig aufgeben. Aber sie wollte auch austesten, ob Mama diese Grenzen wirklich einhielt.
Als Laura merkte, dass sie nun tatsächlich eine Mutter vor sich hatte, die ihr auch die Stirn bot und klare Grenzen zog, begann sie, sich murrend und motzend ihrem Schicksal zu fügen. Natürlich musste sie ihrer Mutter zeigen, dass sie sich nur ungern der Veränderung fügte.
Die Lehrerin hatte Patricia erzählt, dass Laura viel mehr und mit großer Freude am Klassenleben teilnahm. Vielleicht war das Motzen zu Hause nur noch wichtig, um der Mutter ein schlechtes Gewissen zu machen, während Laura in der Klasse ihre Ängste weitgehend überwunden hatte und mit den Mitschüler*innen inzwischen Spaß haben konnte.
Nachdem allen Beteiligten klar wurde, welche Entwicklungsschritte Laura mittlerweile gemeistert hatte, kam der Abschied von Frau Keller. Laura hinterließ Frau Keller wie geplant am Abschiedstag eine ziemliche Unordnung. Sie

wusste nun, dass auch Unstimmigkeiten oder Streit nichts an der Beziehung zerstören würden, die sie zu Frau Keller entwickelt hatte.

Literatur

Borowski, D., Hopf, H., Hüller, T. (2007): Leitlinien Angst. In: Analytische Kinder- und Jugendlichen-Psychotherapie, 133, 1/2007: 81–103.

Bowlby, J. (2005): Frühe Bindung und kindliche Entwicklung. München, Basel: Ernst-Reinhard-Verlag, 5. Auflage.

Brisch, K.-H. (2002): Hyperaktivität und Aufmerksamkeitsstörung aus der Sicht der Bindungstheorie. In: Bovensiepen, G., Hopf, H., Molitor, G. (2002): Unruhige und unaufmerksame Kinder. Psychoanalyse des hyperkinetischen Syndroms. Frankfurt am Main: Brandes & Apsel, S. 45–69.

Dilling, H. et. Al. (2015) (Hrsg.): Internationale Klassifikation psychischer Störungen: ICD–10 Kapitel V (F) – Klinisch-diagnostische Leitlinien. Göttingen: Hogrefe.

Dornes, M. (2002): Die emotionale Welt des Kindes. Frankfurt am Main: Fischer Taschenbuch Verlag, 3. Auflage.

Fonagy, P. (2003): Bindungstheorie und Psychoanalyse. Stuttgart: Klett-Cotta.

Freud, S. (1926, 2010): Hemmung, Symptom und Angst. Hamburg: Nikol Verlag.

Grossmann, K., Grossmann, K. E. (2012): Bindungen – das Gefüge psychischer Sicherheit. Stuttgart: Klett-Cotta, 7. Auflage.

Hopf, H. (2009): Angststörungen bei Kindern und Jugendlichen. Diagnose, Indikation, Behandlung. Frankfurt am Main: Brandes & Apsel.

Hopf, H. (2014): Schulangst und Schulphobie. Wege zum Verständnis und zur Bewältigung. Hilfen für Eltern und Lehrer. Frankfurt am Main: Brandes & Apsel.

Ihle, W., Esser G. (2007): Psychische Störungen bei Kindern und Jugendlichen. Häufigkeit, Versorgungslage und Prävention. In: Die Krankenversicherung, 5: 146–150.

Knölker, U., Mattejat, F. Schulte-Markwort M. (2000): Kinder- und Jugendpsychiatrie systematisch. Bremen: UNI_MED, 2. Auflage.

Riemann, F. (1972): Grundformen der Angst. München und Basel: Ernst-Reinhardt-Verlag.

Schneider, S. (2012): Angststörungen bei Kindern und Jugendlichen: Grundlagen und Behandlung. Berlin: Springer-Verlag.